Marianne Jehle-Wildberger
Das Gewissen sprechen lassen

T0126672

T V Z

Meiner Familie gewidmet

Marianne Jehle-Wildberger

Das Gewissen sprechen lassen

Die Haltung der Evangelisch-Reformierten
Kirche des Kantons St. Gallen zum
Kirchenkampf, zur Flüchtlingsnot und zur
Flüchtlingspolitik 1933 – 1945

Theologischer Verlag Zürich

Die deutsche Bibliothek – CIP-Einheitsaufnahme

Jehle-Wildberger, Marianne:
Das Gewissen sprechen lassen : die Haltung der St. Galler Kirche
zum Kirchenkampf, zur Flüchtlingsnot und zur Flüchtlingspolitik
1933 – 1945 / Marianne Jehle-Wildberger. –
Zürich : TVZ, Theol. Verl., 2001
ISBN 3-290-17233-3

© 2001 Theologischer Verlag Zürich

Umschlaggestaltung:
Weiersmüller Bosshard Grüninger
AG für visuelle Kommunikation Zürich
Druck:
ROSCH BUCH GmbH Scheßlitz

INHALT

EINLEITUNG 9

1 ZUR STRUKTUR UND ZUM WESEN
DER «EVANGELISCHEN LANDESKIRCHE».............. 14

2 DIE JAHRE 1933-1938: REAKTIONEN AUF DEN
NATIONALSOZIALISMUS UND DEN
«KIRCHENKAMPF» 17

Nationalsozialistische Herrschaft und der
«rechte» Staat.................................... 17
  Überblick über das politische Geschehen 17
  Ablehnung des totalitären Staates.................... 18

Deutscher «Kirchenkampf» und St. Galler Kirche 23
  «Kirchenkampf».. 23
  «Ich glaube, darum rede ich!» 25
  Der Kunstmaler Willy Fries 26
  Die Kirche nimmt zum «Kirchenkampf»
  Stellung 28

Deutsche Theologen finden Aufnahme
in St. Gallen...................................... 32
  Karl Ludwig Schmidt..................................... 32
  Felix Troll... 34
  Reinhold Schmälzle 35
  Ruth Abderhalden 36

Schweizerisches Evangelisches Hilfswerk für die
Bekennende Kirche in Deutschland (SEHBKD) ... 38

3 JUDENVERFOLGUNG UND ST. GALLER KIRCHE
IN DER VORKRIEGSZEIT 43

Judenfeindschaft als Konstante der Geschichte.... 43

St. Galler Kirche, «Judenfrage» und Altes
Testament.. 45
  Die «Judenfrage».. 45
  Das Alte Testament 50
  Fazit 54

Die Nürnberger Gesetze und erstes Handeln
zugunsten der Flüchtlinge 56
    Die Nürnberger Gesetze 56
    Erste Kollekte für die Flüchtlinge..................... 56
    Die schweizerische Flüchtlingspolitik und
    frühe evangelische Hilfswerke 59

Der «Anschluss» Österreichs und die
«Reichskristallnacht» 63
    Der «Anschluss» Österreichs 63
    Paul Grüninger 65
    Vorstoss Sturzeneggers im Kirchenrat............. 69
    Robert Sturzenegger, ein profilierter «Laie» 72
    Ärgernis «Arierausweis».............................. 73
    Die «Reichskristallnacht».............................. 74
    Betroffenheit des Kirchenrates....................... 75
    Erste Flüchtlingsdebatte in der Synode 77

Fazit 78

4   DIE ZEIT DES KRIEGSAUSBRUCHS 80

Zwischen Frieden und Krieg............................... 80
    Die Motionen Roggwiller und Kutter.............. 80
    Die Bettagsmandate Gutersohn und
    Sturzenegger 82
    «Peace for our Time» 84

Die Kirche und der Krieg................................... 84
    Zwischen Angst und Zuversicht 84
    Militärische und geistige Landesverteidigung .. 87
    Pressezensur... 89
    Erwin Sutz und Dietrich Bonhoeffer 92
    Jüdische Ärztinnen und Ärzte an der
    psychiatrischen Klinik Wil............................ 93

5   KRIEG UND FLÜCHTLINGSFRAGE...................... 94

Richard Pestalozzi und die «Landeskirchliche
Flüchtlingshilfe» 94
    Die «Landeskirchliche Flüchtlingshilfe» 94

Die Persönlichkeit Pestalozzis 96
Pestalozzis praktische Arbeit 98
Fazit des Flüchtlingsverantwortlichen 106
Eine Flüchtlingsfamilie 109
Protest gegen die Flüchtlingspolitik Sommer
1942 bis Sommer 1943 111
   Deportation und Grenzschliessung 111
   Empörung bei der evangelischen Jugend 113
   Laute Stimme der Kantonalkirche? 118
   Robert Sturzeneggers Rolle im Kirchenbund ... 124
   Umstrittene Resolution der Synode 1943 127
   Die Freiplatzaktion 129
   Dürfen Flüchtlinge heiraten? 131
Das Ehepaar Ludwig und Dora Rittmeyer 133
   Dr. iur. Ludwig Rittmeyer (1897–1963) 134
   Dr. Dora J. Rittmeyer-Iselin (1902–1974) 138
Antisemitismus in der evangelischen
Bevölkerung? 142
   Nochmals: Antisemitismus und Antijudaismus 142
   Die Antisemitismus-Frage an die
   Kirchgemeinden 147

6 ENDLICH FRIEDE 152
Flüchtlingsströme am Kriegsende 152
Aufbruch zu neuen Ufern 153
Die Schuldfrage 155

7 FAZIT 158
Anhang: Der Fall Wirth 160
Anmerkungen 167
Quellen- und Literaturverzeichnis 195

Einleitung

Auf eine Motion des Synodalen Peter Zimmermann hin beschloss die St. Galler Synode am 7. Dezember 1998, die Geschichte der Evangelisch-Reformierten Kirche des Kantons St. Gallen in den schwierigen Jahren von 1933 – 1945 historisch aufarbeiten zu lassen. Ziel der Studie sollte sein, Rechenschaft abzulegen über die Reaktionen zum politischen und kirchenpolitischen Geschehen im nationalsozialistischen Deutschland, insbesondere aber über die Haltung zu den Flüchtlingen und zur schweizerischen Flüchtlingspolitik. Anvisiert wurde mit der Studie auch ein allgemeines Bild der – wie sie damals hiess – «Evangelischen Landeskirche des Kantons St. Gallen». Mit dem vorliegenden Buch folgt St. Gallen dem Beispiel der Kantonalkirchen Schaffhausen, Aargau und Waadt. Im Thurgau ist eine ähnliche Studie in Vorbereitung. Aus Zürich liegen kleinere Schriften zum Thema vor.

«Das Gewissen sprechen lassen», so lautet der Titel der nun vorliegenden Studie. Er geht auf eine Äusserung des evangelischen St. Galler Nationalrates Ludwig Rittmeyer in der grossen Parlamentsdebatte zur Flüchtlingsfrage vom September 1942 zurück. Dieser Appell deutet auf einen Konflikt zwischen einer durch realpolitische Überlegungen und grenzpolizeiliche Weisungen geprägten Haltung auf der einen und einem durch Solidarität und religiöse Überzeugungen motivierten Handeln auf der anderen Seite hin. Welchen Mut es erforderte und welche Folgen es haben konnte, sich von seinem Gewissen leiten zu lassen, das zeigt das Beispiel des damaligen St. Galler Polizeihauptmanns Paul Grüninger. «Wir können nicht schweigen», rief der St. Galler Robert Sturzenegger seinen Kollegen im Vorstand des Schweizerischen Evangelischen Kirchenbundes zu. – Ist die St. Galler Kirche dem hohen Anspruch, den einzelne ihrer Mitglieder erhoben, gerecht geworden?

Festzuhalten ist vorerst, dass die damaligen schwierigen Zeitumstände die Kirche vor nie gekannte Anforderungen stellten. Mit ihnen umzugehen, bedeutete für diese Kirche und ihre Repräsentanten, sich in eine neue Rolle hineinzubegeben. – Die Schweiz war während des Krieges isoliert und bedroht. Nach Aussage vieler Zeitzeugen herrschten in der St. Galler Bevölkerung bereits vor dem Krieg, besonders aber während des Krieges tiefe Ängste. Das galt auch für die kirchlichen und die politischen Behörden, die an exponierter Stelle schwierige Entscheidungen zu treffen hatten. Es wäre anmassend, Richter spielen zu wollen über die Kriegsgeneration, sicherlich aber gehört die sorgfältige Befragung ihrer Motive und Entscheidungen zu den Aufgaben jeder Geschichtsschreibung.

Ist die heutige Kirche verantwortlich für das Verhalten der damaligen Kirche? Eine schwierig zu beantwortende Frage. Jedenfalls ist es wichtig, dass sie sich der eigenen Vergangenheit stellt. «Erinnern ist das Gegenteil von Gleichgültigkeit.»[1] Es geht auch um einen Akt der Glaubwürdigkeit. Die Wahrheit darf gerade im kirchlichen Raum nicht verdrängt werden. Eine Studie wie die vorliegende kann allerdings nur eine Annäherung an die Wahrheit leisten. Geschichtsschreibung ist nicht mehr als ein Rekonstruktionsversuch von etwas, das nicht mehr ist. Das Bild, das in einer Studie wie der vorliegenden entworfen wird, ist notgedrungen unvollständig und verkürzt. Dabei bleibt grösstmögliche Objektivität ein stetes Ziel der Geschichtsschreibung.

Trotz der angedeuteten Mängel erweitern die Erkenntnisse, die aus dem Umgang mit der eigenen Geschichte gewonnen werden, den Erfahrungsspielraum und können helfen, Richtung und Ziele für die Gegenwart und für die Zukunft zu bestimmen. Das damalige Reden und Handeln aus christlicher Verantwortung kann auch für die heutige

Generation eine Orientierungshilfe sein. «Nur wer Vergangenes nicht vergisst, ist Meister der Zukunft», lautet ein chinesisches Sprichwort.

* * * * *

Diese Arbeit stützt sich weitgehend auf Quellenmaterial und Aussagen von Zeitzeugen, da das Thema, was die evangelische Kirche St. Gallens betrifft, bisher nur am Rande untersucht worden ist. Das hat den Vorteil, dass viele authentische Stimmen zum Zuge kommen. Natürlich wurde zur Ergänzung und zum Vergleich auch Sekundärliteratur beigezogen.

Es fand sich reichliches Quellenmaterial. Teilweise, etwa bei den Korrespondenzen, spielte der Zufall mit beim Entscheid zur Aufbewahrung oder Vernichtung von Akten. Empfindliche Lücken gibt es leider besonders im sensiblen Bereich der Auseinandersetzungen um die Flüchtlingsfrage zwischen der Kirche und den beiden staatlichen Ebenen Bund und Kanton.

Was die schriftlichen Quellen betrifft, sind die vollständig erhaltenen «Kirchlichen Erlasse», in denen unter anderem Amtsberichte, Synodenprotokolle, Kollektenaufrufe und Bettagsmandate gesammelt sind, sehr wichtig. Viel Aufschluss geben auch die Kirchenratsprotokolle. Als sehr informativ erwies sich der Bericht über die Visitation 1943/44. Briefe, Predigten und Publikationen einzelner damaliger Theologen und Nichttheologen konkretisieren das Bild. Einen kantonalen Kirchenboten gab es noch nicht, von den verschiedenen regionalen oder gemeindeeigenen Kirchenboten studierte ich eine Auswahl. Das kirchenrätliche Archiv, das Staatsarchiv und das Stadtarchiv St. Gallen wurden nach weiterem Material durchsucht. Wichtige Informationsquellen boten auch das Archiv des «Schweizerischen Evangelischen Kirchenbundes» in Bern sowie das Schweizerische Bundesarchiv in Bern und das Archiv für Zeitgeschichte an der ETH Zürich.

Einige wenige Zeitzeugen konnte ich glücklicherweise noch befragen. Zwar gibt es keine lückenlose und objektive Erinnerung, vor allem nicht nach so langer Zeit. Aber trotzdem bilden Aussagen von Zeitzeugen eine wichtige Ergänzung zum schriftlichen Quellenmaterial. Das Bild wird farbiger. Auch mit engen Angehörigen von damals wichtigen kirchlichen Persönlichkeiten suchte ich das Gespräch. Einige stellten mir interessantes Material aus ihren privaten Archiven zur Verfügung.

Unter den heutigen Untersuchungen zum Thema Flüchtlinge, Antisemitismus und evangelische Kirche ragt das Buch Hermann Kochers mit dem Titel «Rationierte Menschlichkeit» heraus. Das informative und fundierte Werk umspannt die ganze evangelische Schweiz und tangiert auch die evangelische Kirche St. Gallen. Die Studien von Walter Wolf, Alexandra Binnenkade und Nathalie Narbel, welche die schaffhausische, aargauische und waadtländische Kirche betreffen, liefern interessantes und wichtiges Vergleichsmaterial. Selbstverständlich wurde der «Bergier-Bericht» beigezogen sowie Jacques Picards «Die Schweiz und die Juden», Aram Mattiolis «Antisemitismus in der Schweiz» und Urs Altermatts «Katholizismus und Antisemitismus». Wichtige Hinweise gab mir auch die von Ernst Ehrenzeller verfasste «Kirchengeschichte der Stadt St. Gallen», Band 4. Viele kleinere Werke wie etwa Stefan Kellers «Grüningers Fall» oder Ernst Zieglers «Als der Krieg zu Ende war» oder Hans Martin Stückelbergers Abriss über «50 Jahre Freie protestantische Vereinigung St. Gallen» trugen dazu bei, das Bild der evangelischen Kirche abzurunden.

Die Amts- und Visitationsberichte geben Aufschluss über die relativ starke kirchliche Tradition und über die theologischen Richtungen in der St. Galler Kirche. Neben der alten liberalen und der positiven Richtung ist die starke Präsenz der neueren religiössozialen und der dialektischen Strömungen auffallend, welche durch Hermann Kutter und Leonhard Ragaz resp. Karl Barth und Emil Brunner begründet wurden. Es wird zu untersuchen sein, inwiefern das für das Thema der Studie von Relevanz war.

* * * * *

An dieser Stelle möchte ich den beiden Kirchenratspräsidenten Karl Graf und Dölf Weder danken, die mich bei der Entstehung dieser Arbeit unterstützt haben, ebenso alt Rektor Dr. André Schwizer, der stenograpische Notizen aus dem Staatsarchiv in die normale Schrift übertrug. Wertvolle Hinweise verdanke ich Pfarrer Heinrich Rusterholz, alt Kirchenbundspräsident, und den Historikern Walter Wolf, Werner Hagmann und Martin Jäger. Sehr dankbar bin ich Dr. Niklaus Peter, Leiter des TVZ, für das hilfreiche Lektorat. – Dauernder Gesprächspartner war mir mein Mann Frank Jehle. Ihm gilt mein ganz besonderer Dank.

1 Zur Struktur und zum Wesen der «Evangelischen Landeskirche»

In der untersuchten Zeitspanne lag die Bevölkerung des Kantons St. Gallen bei rund 300'000 Menschen. Drei Fünftel davon waren Katholiken, zwei Fünftel – rund 120'000 – Protestanten. Andere religiöse Gemeinschaften, so auch die Israelitische Gemeinde, waren demgegenüber verschwindend klein, Konfessionslose gab es praktisch keine. An der Synode von 1938 charakterisierte der Alterspräsident die evangelische Kirche als «lebendige Gemeinde, die frei von Hierarchie und Staatsgewalt gleichwohl in enger Verbindung mit den obersten Behörden lebt».[2] Diese Definition gibt ein treffendes Bild vom Verhältnis Kirche und Staat im Kanton St. Gallen.

Im Jahr 1861 wurde die Kantonsverfassung liberalisiert, was es den beiden grossen christlichen Kirchen erlaubte, sich selbst zu organisieren. Kirche und Staat im Kanton St. Gallen sind – etwa im Vergleich zu den zürcherischen Verhältnissen – relativ stark getrennt. Persönliche Überschneidungen gab es in der Evangelischen Landeskirche allerdings zahlreiche. Gerade zwischen 1933 und 1945 erfüllten verschiedene Persönlichkeiten gleichzeitig wichtige Funktionen in der Kirche wie auch im Staat und/oder im Militär.

Die evangelische Kirche nutzte die Chance, welche die neue Verfassung von 1861 bot, und schuf als kantonale kirchliche «Legislative» die sogenannte «Volkssynode», zu welcher neben den Pfarrern «gewöhnliche» Gemeindeglieder Zutritt erhielten – alle Synodalen ausgestattet mit den gleichen Rechten. Sie trat 1862 erstmals in dieser Formation zusammen. Die Synode versammelte sich im untersuchten Zeitraum von 1933 bis 1945 einmal pro Jahr, stets Ende Juni, zur ordentlichen Session. Sie bot – wenigstens äusserlich – ein überaus würdiges Bild. An einer Synode kurz nach dem Krieg fragte der Synodale M. Künzler, «ob den Synodalen in Anbetracht des sommerlichen Termins ... die Vorschrift auf Erscheinen im dunklen Gewand zu erlassen sei». Die Frage konnte, da sie das Synodalreglement tangierte, nicht sofort beantwortet werden. Einige Jahre später wurde die alte Vorschrift bestätigt: «Die Mitglieder der Synode tragen dunkle Kleidung.»[3] Im siebenköpfigen Kirchenrat, der «Exekutive» der Landeskirche, nahmen seit 1862 ebenfalls Pfarrer und Nichtpfarrer gleichberechtigt Einsitz, auch hier galt das reformatorische Prinzip des «Priestertums aller Gläubigen».

Basis der evangelischen Kantonalkirche sind die Kirchgemeinden, damals 54 an der Zahl. Dabei ist in der st. gallischen Kirche die Gemeindeautonomie, der sogenannte «Kongregationalismus», besonders stark ausgeprägt, zieht man den Vergleich etwa zu den zürcherischen Verhältnissen. Die Kirchgemeindeversammlung wählt den Pfarrer, die Mitglieder der Kirchenvorsteherschaft sowie auch die Synodalen. Sie besitzt eine Entscheidungsbefugnis hinsichtlich des kirchlichen Lebens, die weit über das Finanzielle hinausgeht. Auch die Kirchenvorsteherschaften in den einzelnen Kirchgemeinden haben einen recht grossen Spielraum. Die Eingriffsmöglichkeiten des Kirchenrates halten sich demgegenüber in Grenzen. 1945 beklagte dieser denn auch die «weitgehende, fast krankhafte Eigenbrötelei» mancher Pfarrer und Gemeindeglieder.[4] Im untersuchten Zeitraum war das Ansehen des Kirchenrates allerdings in dem Sinne beträchtlich, als ihm hochrangige Politiker angehörten.

Bis in die Kriegszeit hinein sahen sich die Kirchenratspräsidenten vor allem als Administratoren. Von 1933 bis zum Jahreswechsel 1940/41 standen hintereinander zwei Regierungsräte, und also Nichttheologen, an der Spitze der St. Galler Kirche. Bis 1938 war es Dr. Gottlieb Baumgartner, von 1938 an Dr. Karl Kobelt. Letzterer wurde Ende 1940 in den Bundesrat gewählt. Von 1941 an standen stets Pfarrer an der Spitze des Kirchenrates. Damit begann sich das Amtsverständnis zu ändern. Die geistliche Führungsaufgabe trat mehr in den Vordergrund. Auch begann sich die Kirche als Ganze stärker als Gewissen des Staates zu verstehen.

Die demokratische Struktur und das «Priestertum aller Gläubigen» sind und waren schon in den Jahren 1933 bis 1945 wichtige Wesensmerkmale der evangelischen Kirche des Kantons St. Gallen. Alle, Pfarrer und «Laien», *sind* Kirche. Man kann die Verantwortung für das, was in der St. Galler Kirche hinsichtlich Nationalsozialismus, Kirchenkampf und Flüchtlingen geredet und gehandelt wurde, nicht ausschliesslich auf den Kirchenrat und die Synode schieben. Natürlich durfte man von diesen Gremien eine Vorbildfunktion erwarten. Aber jeder Pfarrer und jedes Mitglied der Kirche, Männer und Frauen, waren in die Verantwortung eingebunden. In exemplarischem Sinne werden in dieser Studie deshalb auch die Positionen einzelner Persönlichkeiten dargestellt.

2 Die Jahre 1933–1938: Reaktionen auf die nationalsozialistische Diktatur und den Kirchenkampf

Überblick über das politische Geschehen

Der 1. Weltkrieg hinterliess in Europa ein Trümmerfeld. Landschaften und Städte waren zerstört, eine ganze Generation junger Männer umgekommen, und viele Menschen waren verstört. Grenzen hatten sich verschoben. Die Wirtschaft lag darnieder. Auf diesem Trümmerfeld gediehen gesellschaftliche Unrast und politischer Extremismus linker und rechter Couleur. In Russland etablierte sich noch vor Kriegsende der Bolschewismus, in Italien wenige Jahre danach der Faschismus. In Deutschland war die Frustration über den verlorenen Krieg gross. Durch die Siegermächte wurde das gebeutelte Land zusätzlich gedemütigt. Die «Weimarer Republik» hatte Mühe, sich zu behaupten, denn es fehlte weitgehend an demokratischen Traditionen. Die Inflation der Nachkriegsjahre und die Weltwirtschaftskrise taten ein Übriges, um das Land zu destabilisieren. Als Retter in der Not bot sich Adolf Hitler an. Sein Machtantritt vom 30. Januar 1933 erfolgte legal.

Mit System und innerhalb von nur anderthalb Jahren verwandelte Hitler seine Reichskanzlerschaft in eine Diktatur. Der gesamte politische Bereich wurde gleichgeschaltet. Die Medien wurden staatlich kontrolliert. Indem Hitler auch das Amt des Reichspräsidenten übernahm, gelang es ihm, das Militär an sich zu binden. Die Wirtschaft wurde ein Stück weit in den Dienst des Staates gestellt, die Arbeitenden in Berufsverbänden organisiert. Selbst die Frauen und die Jugendlichen hatten sich staatlichen Organisatio-

17

nen anzuschliessen. Hitler unternahm auch den Versuch, die Kultur und das geistige Leben des Landes zu unterwerfen und damit auch die beiden grossen Kirchen.

Ablehnung des totalitären Staates

Das Geschehen in Deutschland liess die evangelische Kirche St. Gallen nicht kalt. Die Fragen, die es aufwarf, waren existentieller Natur. Aber durfte, ja musste die Kirche dazu Stellung nehmen?

«Schauen wir auf die Amtsberichte und Erlasse des Kirchenrates während des Weltkrieges 1914–1918 zurück, so fällt uns sofort auf, wie wenig ... die gewalttätigen Geschehnisse jener Zeit sich in jenen Schriftstücken widerspiegeln.» So schrieb der st. gallische Kirchenrat in seinem Amtsbericht 1939.[5] Die frühere Abstinenz der Kirche fiel auch Robert Sturzenegger, Präsident der Kirchgemeinde Tablat, auf: Immer quälender dränge sich die Frage auf, weshalb von der Kirche so wenig Wirkung auf die grossen Tagesfragen und ungelösten Probleme wie die Kriegsgefahr ausgingen.[6] Wohl aus Angst, in die Parteipolitik verstrickt zu werden, hatte die Kirche während langer Zeit pointierte Stellungnahmen zu politischen Fragen unterlassen. Angesichts der politischen Umwälzung in Deutschland war es mit der Leisetreterei mehr oder weniger vorbei. Der Religiöse Sozialismus und die Dialektische Theologie, welche die christliche Verantwortlichkeit gegenüber der Welt betonten, wirkten in der St. Galler Kirche bei der Überwindung der apolitischen Tradition massgebend mit. Aber wie liess sich politisches Reden mit Verkündigung vereinbaren?

Der religiössoziale Pfarrer Gottlieb Roggwiller beantwortete die Frage folgendermassen für seinen eigenen «Predigtdienst»: «Ich bevorzuge ‹Auslegung›, aber so, dass die Wahl des Textes meistens auf eine Sache hinführt, die mir für den Augenblick als notwendig für die Verkündigung erscheint. Es ist mir ein besonderes Anliegen, das gekommene und kommende Reich Gottes zu verkündigen und auf die Zeichen zu achten, die uns gegeben werden. Dabei hüte ich mich, ‹Gegenwartsprobleme› an sich zu behandeln, sie müssen sich immer aus dem Wort heraus von selbst ergeben. Um keinem Subjektivismus zu verfallen, wähle ich von Zeit zu Zeit Serienpredigten, um noch fester ans Wort gebunden zu sein ...»[7]

Der Rechtsradikalismus hatte sich in Deutschland schon lange vor 1933 entwickelt und besass auch in andern Ländern eine beträchtliche Anziehungskraft. Würde das autoritäre und nationalistische Virus auch die Schweiz anstecken? Im Bettagsmandat der St. Galler Kirche von 1932 heisst es: «Wir stehen vor der Tatsache, dass im Zusammenhang mit den wichtigen politischen Veränderungen jenseits unserer Landesgrenzen auch bei uns manche Kreise am Werte unserer schweizerischen Demokratie zu zweifeln beginnen. Viele entfernen sich von einem gesunden politischen Denken infolge eines hemmungslosen Nationalismus.» Das Bettagsmandat, das eine klare Sprache spricht, wurde vom Theologen Ulrich Gutersohn verfasst, einem der klügsten Köpfe der damaligen St. Galler Kantonalkirche. Gutersohn war Kirchenratsschreiber und Professor für Religion an der Kantonsschule.[8] Das Mandat wurde, wie jedes Jahr, von allen Kanzeln der Kantonalkirche verlesen.

Im Sommer 1933 gaben die Pfarrer Hans Gut und Robert Rotach zusammen mit Ulrich Gutersohn drei Predigten heraus unter dem Titel «Stimmen aus St. Laurenzen». Die drei Theologen wollten trotz kirchenpolitischer Differenzen gemeinsam vom Evangelium her ein klärendes Wort zur Zeitlage sagen. Sie realisierten sehr früh, dass der Bolschewismus *und* der Nationalsozialismus nicht nur eine Bedrohung der Demokratie, sondern auch der christlichen Kirche darstellten. Rotachs und Gutersohns Predigten wurden am Vorabend, resp. am ersten Synodentag gehalten, so dass sie von allen Synodalen gehört wurden. Neben der Unterminierung durch die kommunistisch inspirierte «Gottlosenbewegung», sagte Rotach, drohe Gefahr durch den «übersteigerten Nationalismus, der die Kirche lediglich

19

als Werkzeug brauchen» wolle.[9] Pfarrer Hans Gut predigte wenige Wochen später über 1Kor 14,1-6: «Das Prophetenamt ist ein heiliges Amt. ... Auf ihm lastet die ganze Verantwortung für die Gemeinde. ... Es liegt eine schwere Verantwortlichkeit auf diesen Männern. Der Prophet steht im Auftrage Gottes. ... Darf der Staat dieses Prophetenamt beschneiden? Das ist eine Frage, die auch unserer Zeit und unserer Kirche gilt: Dürfen diejenigen, die unter Gottes Führung stehen, Rücksicht nehmen auf die gerade herrschenden Strömungen im politischen Leben und Erleben der Zeit?» Jeremia habe im Gespräch mit dem König nur die Wahrheit gekannt.[10] – Es gab in St. Gallen auch andere Stimmen. Pfarrer Walter Hoch von St. Leonhard, ein «Altpositiver», schrieb 1935: «Die Kirche hat sich nicht in die Politik zu mischen ... Gewiss, theoretisch darf sie sprechen, nicht aber praktisch reden. ... Die Kirche .... hat den Staat als solchen in Ruhe zu lassen.»[11]

Pfarrer Hochs Stimme scheint in der St. Galler Kirche eher die Ausnahme gewesen zu sein. Das Thema Prophetenamt bzw. «Wächteramt der Kirche» gegenüber dem Staat wurde an der Synode, im Kirchenrat, in den Pastoralgesellschaften und Pfarrkapiteln des Kantons verschiedentlich aufgegriffen, unter anderem durch den «Barthianer» Peter Walter, Pfarrer in Sax und von 1940 an in Bruggen. Anlässlich der Visitation 1943/44 tadelte er den Kirchenrat, der Kirche fehle «das lösende, die Trägheit auflockernde ... aus falschen Bindungen befreiende, vorwärts führende, wirklich wegweisende Wort». Dieser dürfe sich nicht durch «kirchliche oder politische Diplomatie darin hemmen lassen, das Wächter- und Hirtenamt der Kirche gegenüber dem Volk und seinen Verantwortlichen» auszuüben.[12]

Der im Entstehen begriffene totalitäre Staat in Deutschland war ein wichtiges Thema an der Synode vom Juni 1933. Bereits am Vorabend und am ersten Synodentag hielten Robert Rotach und Ulrich Gutersohn die erwähnten «politischen» Predigten vor den Synodalen.[13] Im Anschluss an den geschäftlichen Teil der Synode sprach der Zürcher Historiker (und spätere Professor an der Universität) Leonhard von Muralt zum Thema «Die Botschaft der evang. Kirche und die Volksgemeinschaft». Von Muralt war ein Spezialist für Reformationsgeschichte. Angesichts der, wie er sagte, «tiefen Krise» der Gegenwart suchte er Orientierung in der reformierten Tradition, und zwar bei Zwinglis Staatslehre: Der Christ dürfe, ja solle, «den Staat, das Vaterland, die Volksgemeinschaft bejahen. ... Staat, Volk und Vaterland dürfen aber für den Christen nicht das Absolute werden.» Aufgabe der Kirche bleibe es, alles menschliche Wirken und Denken, also auch den Staat, von Gott her immer wieder in Frage zu stellen. Denn nach Zwingli stehe die «göttliche Gerechtigkeit» über der «prästhaften», also unzulänglichen, menschlichen Gerechtigkeit, wie sie durch den Staat ausgeübt werde. – Der Vortrag löste eine lebhafte Diskussion aus. Während der Toggenburger Dekan Gottlob Wieser dem Referenten weitgehend beipflichtete[14], forderten die beiden religiössozialen Pfarrer Jakobus Weidenmann und Ernst Etter darüber hinaus, die Kirche habe sich im Sinne der Propheten gegen die Autorität der Obern zu wenden, «wenn sie der Ungerechtigkeit verfallen sind».[15] Etter sagte, dass man «für die, die ausgerottet werden sollen, Verständnis haben» müsse. «Das Evangelium nimmt sich der Schwachen, Hungernden, der Kranken und Gefangenen und Fremdlinge an und ist Gerechtigkeit und Liebe. ... Der Christ kann nicht für sich privat ein Christ sein. Er gehört zum Bruder. ... Es muss vor der Vergötterung des Staates, der Sachen, des Geldes, der Rasse gewarnt werden.»[16] Etter nahm mit diesen Worten vieles von dem vorweg, was Kirchenvertreter später immer wieder sagen sollten. Der Pfarrer von Azmoos jedoch, Werner Wirth, «polemisierte» gegen das Parteienwesen in Kirche und Staat und prangerte die «jede Volksgemeinschaft zersetzende Tätigkeit der Parlamente» an, womit er lebhaften Protest eines Synodalen erweckte.[17] Ein Auszug des Vortrages von Muralts wurde im «Ev. Kirchenboten für das Rheintal» abgedruckt, und auch im Toggenburger «Kirchenboten» wurde daraus zitiert.[18]

Um nochmals auf den Vortrag von Muralts zurückzukommen: Der Begriff «Volksgemeinschaft» im Titel des Vortrags fällt aus heutiger Sicht auf. Ein zentraler Punkt der nationalsozialistischen Ideologie war die Ablehnung des Parlamentarismus und der pluralistischen Gesellschaft. An deren Stelle propagierten die Nationalsozialisten die «Volksgemeinschaft», in der alle sozialen Gruppen zu einer Einheit verschmolzen seien. In der Praxis lief das auf eine gelenkte Massengesellschaft hinaus. Der Begriff «Volksgemeinschaft» war ein trojanisches Pferd mit totalitärem Gedankengut im Bauch, das man unbesehen in die Schweiz einliess. Selbst in Papieren der St. Galler Kirche taucht das Wort verschiedentlich auf. Im Bettagsmandat von 1933, das Pfarrer Walter Sonderegger von Buchs schrieb, steht die Frage: «Sind wir denn *ein* Volk?» Die Schweizer müssten sich als «*eine* Volksgemeinschaft» finden.[19] Wenn Pfarrer Etter im Bettagsmandat 1936 von einer «rechten», nämlich solidarischen «Volksgemeinschaft» schrieb, so grenzte er sich vom deutschen Verständnis des Begriffes ab.[20]

In der St. Galler Kirche war man sich weitgehend einig, was unter einem Unrechtsstaat zu verstehen war. Das Dritte Reich und auch die Sowjetunion zählte man zu dieser Kategorie. Die Ablehnung des Totalitarismus links- und rechtsextremer Prägung war quer durch die theologischen Richtungen hindurch praktisch einhellig. Es wurde jedoch eine jahrelange Debatte geführt um die Frage, was denn ein «rechter» Staat, eine «rechte» «Volksgemeinschaft» und eine «rechte» Kirche sei. Unter dem Eindruck des «Kirchenkampfes» in Deutschland spitzte sich die Frage auch in St. Gallen immer grundsätzlicher auf das «rechte» Verhältnis zwischen Kirche und Staat zu.

Deutscher «Kirchenkampf» und St. Galler Kirche

«Kirchenkampf»

Unter dem «Kirchenkampf» versteht man die Auseinandersetzungen, die unmittelbar nach dem Machtantritt Hitlers innerhalb der evangelischen Kirche zwischen Anhängern und Gegnern einer Umgestaltung der Kirche im Sinne des Nationalsozialismus begannen. Der «Kirchenkampf» verlagerte sich später auf die Konfrontation des bekenntnistreuen Teils der Kirche mit dem nationalsozialistischen Staat – dies allerdings nur bei einem kleineren Teil der «Bekennenden Kirche».

Der Machtumschwung vom 30. Januar 1933 wurde in Deutschland zunächst von vielen evangelischen Kirchenleuten begrüsst. In Artikel 24 des Parteiprogramms der «Nationalsozialistischen Deutschen Arbeiterpartei» ist festgehalten, die Partei stehe auf dem Boden des «positiven Christentums», und in seiner Reichstagsrede vom 23. März 1933 versprach Hitler, die Rechte der Kirche nicht anzutasten. Zudem verkündete er die moralische «Entgiftung» und Gesundung Deutschlands. Viele liessen sich dadurch Sand in die Augen streuen. Schon im Frühling 1933 ertönte der Ruf nach Gleichschaltung der evangelischen Kirche mit Struktur und Ideologie des nationalsozialistischen Staates. So wurde die Einführung einer «Reichskirche» mit «Führerprinzip» anstelle der bisher föderalistisch organisierten evangelischen Kirche gefordert. Vordergründig waren es die sogenannten «Deutschen Christen», d. h. eine Gruppe von nationalsozialistisch gesinnten Protestanten, welche diese Gleichschaltung propagierten. «Schirmherr» der «Deutschen Christen» war Pfarrer Ludwig Müller, eine Marionette Hitlers. Um Schlimmerem vorzubeugen, wählten die Leiter der evangelischen Landeskirchen am 27. Mai 1933 mit grosser Mehrheit den Theologen Friedrich von Bodelschwingh,

Leiter der «Bethel'schen Anstalten», der im Ruf grosser Integrität stand, zum Reichsbischof.

Kurz darauf liess der Staat die Maske fallen. Er befahl die gewaltsame Gleichschaltung der preussischen Kirche, welche die grösste und bedeutendste Landeskirche Deutschlands war. Und auf Ende Juli 1933 ordnete er widerrechtlich allgemeine Kirchenwahlen an. Dank massiver staatlicher Propaganda errangen die «Deutschen Christen» den Sieg. Per Gesetz wurde jetzt in Preussen das «Führerprinzip» in den kirchlichen Leitungsorganen durchgesetzt und der sogenannte «Arierparagraph» eingeführt: Geistlicher konnte demnach nur sein, wer rückhaltlos für den nationalen Staat eintrat, «arischer» Abstammung und mit einer «Arierin» verheiratet war. «Nichtarier» hatten den Kirchendienst zu verlassen. Ludwig Müller gelang es wenige Wochen später, das Amt des Reichsbischofs zu übernehmen. Er plante den Bau einer «wahrhaft nationalsozialistischen evangelischen Kirche». Der schon zuvor arg angefochtene Bodelschwingh zog sich zurück.[21] Dank des – umstrittenen – Konkordates zwischen dem Dritten Reich und dem Vatikan blieb die katholische Kirche im Gegensatz zur evangelischen vorerst unangetastet.

In der evangelischen Kirche aber begann sich jetzt Widerstand zu regen. Der Berliner Pfarrer Martin Niemöller gründete im September den sogenannten «Pfarrernotbund», der bald Tausende von Pfarrern und viele «Laien» umfasste. Ohne den Staat ins Visier zu nehmen, verteidigte der Notbund die Freiheit der Kirche und ihrer Verkündigung gegen die Übergriffe der «Deutschen Christen», respektive der «Reichskirche». Der Schweizer Theologieprofessor Karl Barth, der in Bonn lehrte, wurde zu einem der geistigen Väter des Widerstandes nicht nur gegen die «Deutschen Christen», sondern auch gegen den Staat. Ende Mai fanden sich die lutherische, die reformierte und die unierte kirchliche Opposition an der sogenannten «Bekenntnissynode» in Barmen zur «Bekennenden Kirche» zusammen.[22] Die berühmte «Barmer Erklärung», die auf einen Entwurf Karl Barths zurückgeht, bezeichnet die «deutschchristliche» Theologie als Irrlehre und legt die einmalige und ausschliessliche Offenbarung Gottes in Jesus Christus fest. Dem Totalitätsanspruch des Dritten Reiches wurde damit der Totalitätsanspruch Jesu Christi entgegengesetzt.[23]

«Ich glaube, darum rede ich!»

Das Beispiel Pfarrer Steinbauers und seiner Gemeinde Penzberg mag helfen, sich den «Kirchenkampf» konkret vorstellen zu können. Karl Steinbauer (1906–1988) trägt keinen klingenden Namen wie Niemöller, Barth und Bonhoeffer. Zeit seines Lebens war er Pfarrer in Bayern. Steinbauer[24] predigte 1935 über den Kämmerer aus dem Mohrenland, Apg 8,26-40: «Ein Mann, ein Mohr, fährt in einem Wagen auf verlassener Landstrasse dahin. Was kann uns dieser Mohr kümmern? Ein Neger, also rassisch minderwertig, uns nordischen Menschen absolut nicht ebenbürtig.» Steinbauer beantwortete seine ironische Frage so: «... die Gottesfrage wird nicht auf dem engen und engstirnigen Raum eines Volkes und Volkstums gelöst.»[25] – Wegen «staatsabträglicher Hetze» wurde er 1936 ein erstes, 1937 das zweite Mal inhaftiert.[26] «Immer wieder besuchen Gemeindeglieder in dieser Zeit ihren Pfarrer, indem sie vor dem Zellenfenster Kirchenlieder pfeifen, ihm zuwinken oder durch Flöten- und Posaunenchöre, die vor dem Gefängnis spielen, den Gefangenen zu ermutigen suchen.»[27] Penzberg wurde zu einer «bekennenden Gemeinde». – 1938 wurde das Pfarrhaus von betrunkenen SA-Leuten überfallen.[28] Steinbauer wurde erneut verhaftet. Man warf ihm die Verweigerung des «Ariernachweises» vor, den er als Religionslehrer zu erbringen hatte. Steinbauer schrieb: «Nach diesem Rassegesetz wäre der Herr Christus unfähig, ... seine eigene Botschaft zu verkündigen und dürfte keine Schule betreten und ebenso seine Apostel, ... denn sie waren ... Juden.»[29] Diesmal wurde er in das Konzentrationslager Sachsenhausen überführt.

Nach Kriegsbeginn wurde Steinbauer zwecks Militärdienst aus dem KZ «beurlaubt». Er nahm am Russlandfeldzug teil und wurde mehrfach verwundet, das letzte Mal sehr schwer. Für seine Tapferkeit erhielt er mehrere Auszeichnungen. Doch 1943 wurde er erneut angeklagt, diesmal wegen «Wehrkraftzersetzung».[30] Man warf ihm vor, in einer Predigt auf Heimaturlaub gesagt zu haben, im Schützengraben habe er, wenn er schiessen musste, jeweils gebetet: «Herr, vergib mir meine Schuld, wie wir vergeben unsern Schuldigern». Das habe den Wehrwillen der Predigthörer geschädigt.[31] Verteidiger war ein hoher Offizier, der Mitglied der «Bekennenden Kirche» und – was das Gericht nicht wusste – Steinbauer persönlich bekannt war. «Feldwebel» Steinbauer wurde freigesprochen.[32]

Der Kunstmaler Willy Fries

Einer der ersten St. Galler, die sich mit dem Nationalsozialismus und dem «Kirchenkampf» auseinandersetzten, war Willy Fries aus Wattwil, weshalb sein Wirken bereits hier – als Ouvertüre gewissermassen – gewürdigt werden soll. Als «junger suchender Mensch» studierte er in Berlin Malerei. «Dort erlebte er den aufziehenden Nationalsozialismus. In den so genannten ‹Katakombengottesdiensten› beeindruckten ihn die Leute, die aktiven Widerstand gegen den gefährlichen Ungeist leisteten. Hier traf er Martin Niemöller und Dietrich Bonhoeffer. Ihr überzeugendes Vorbild führte ihn zur ‹Bekennenden Kirche›, jenem Notbund gegen die Gleichschaltung der evangelischen Kirche. Aus monatelangem Kopieren und maltechnischem Studium der alten Meister im Museum wurde er 1933 unsanft herausgerissen: Beim befohlenen Anhören einer Hitler-Radiorede blieb er sitzen, während alle anderen rundum zum Hitlergruss aufstanden. Wieder vor der Staffelei, wurde er von SA-Leuten aufgeschreckt. Nur seinem Schweizer Pass, den er dem

Anführer wortlos vor die Nase hielt, verdankte er es, nicht sofort verhaftet zu werden. Seine Freunde rieten ihm, Berlin zu verlassen.»[33]

Nach Wattwil zurückgekehrt, malte Willy Fries in den Jahren 1935 bis 1945 ganz im Verborgenen seine «Grosse Toggenburger Passion», einen Zyklus von 18 Bildern. Im Nachwort zum Bildband schreibt der Theologieprofessor Jürgen Moltmann: «Willy Fries schuf diese Bilder im stillen Toggenburg, während um ihn herum Europa in den apokalyptischen Schrecken der Konzentrationslager, der Massenmorde und des Massensterbens versank. Er malte die Passion Christi mit offenen Augen, wie einer, der auf Wache steht in einer blinden, weil verblendeten Welt. ... In der Wahrheit des gekreuzigten Gottes zeigen (die Bilder) die Wahrheit des geretteten Menschen.»[34] Der Malstil des Toggenburger Künstlers ist dem «symbolischen Realismus» zuzuordnen. Fries habe seine Malerei als Verkündigung des Wortes Gottes verstanden, sagt seine Witwe.[35] – Die römischen Soldaten der Dornenkrönungsszene tragen Uniformen und Stahlhelme der Schweizer Armee. Als die «Dornenkrönung» nach dem Krieg in der Zeitschrift «La vie protestante» publiziert wurde, erhob sich ein Sturm der Entrüstung. In einem Brief vom 5. Februar 1951 warf der Vorsteher der bernischen Kirchendirektion, Regierungsrat Markus Feldmann, Karl Barth vor, das Passionsbild von Willy Fries zu verteidigen, da ihm die Zeitschrift nahe stehe. Feldmann der später Bundesrat wurde, fasste das Bild als eine Verunglimpfung der Schweizer Armee auf.[36] Wegen der gesellschaftskritischen Dimension seiner ausdrucksstarken Bilder geriet Fries auch sonst unter Beschuss. Damals waren zudem viele Protestanten prinzipielle Gegner der religiösen bildenden Kunst.

Die soziale Dimension der Botschaft von Willy Fries wird in seinem Bildband «Lazarus» (1972) greifbar, ebenso sein Mitleid mit den Juden. Er stellte dem Band das Christuswort Mt 25,40 voran: «Was ihr einem dieser meiner geringsten Brüder getan habt, das habt ihr mir getan.» Lazarus ist hier eine Symbolfigur für alle Hungernden, Vertriebenen, Nackten, Kranken und Gefangenen. Lazarus begegnet einem in Auschwitz und in Dachau.[37]

Willy Fries verlor den Kontakt zu seinen Freunden von der «Bekennenden Kirche» nie ganz. Nach dem Krieg suchten ihn einige von ihnen im Toggenburg auf, und er machte Gegenbesuche in Berlin. Nahe standen ihm auch die beiden bekenntniskirchlichen Theologen Professor Schmidt und Pfarrer Troll, die im Toggenburg Zuflucht gefunden hatten, und auch Pfarrer Gottlob Wieser von Wattwil, dessen Tochter Dorothee er heiratete. In und nach dem 2. Weltkrieg war der eigenwillige Maler Mitglied der St. Galler Synode, wo er gelegentlich durch seine kompromisslosen Voten aneckte. Er war gegen eine «Pfarrerkirche». Ihm war die Kirche, der er doch mit ganzem Herzen anhing, zu lau. An der Synode von 1944 rief er eindringlich zur Fürbitte für die notleidenden Kirchen in den Kriegsgebieten und für Gerechtigkeit und Frieden auf.[38] Fries war Ehrendoktor der Universität Bern und erhielt den Goethepreis.

Die Kirche nimmt zum «Kirchenkampf» Stellung

Willy Fries war nicht der Einzige, der sich Sorgen machte. Im Rheintal fragte Pfarrer Theo Rüsch, ob die deutsche evangelische Kirche zur willenlosen Dienerin des Staates herabsinke, «nach dessen Pfeife sie tanzen soll». Ähnlich äusserte sich Gottlob Wieser im Toggenburger Kirchenboten.[39] In einem Artikel des Tablater Kirchgemeindepräsidenten Robert Sturzenegger vom September 1934 heisst es: «Unter den Ereignissen, die sich zur Zeit in Deutschland abspielen, nehmen diejenigen, welche die Kirche betreffen, unser Interesse in besonderem Masse in Anspruch. Dass der allmächtige Staat bei seinem Versuch alles gleichzuschalten, bei der Kirche auf Widerstand stiess, wurde auch von solchen Leuten begrüsst, die sonst nicht viel auf sie achten.» Sturzenegger war persönlich der Meinung, dass es um «ernste, weittragende Dinge» gehe. Die «Frage nach der Beziehung zwischen Kirche und Staat» werde «in ihrer ganzen Bedeutung» neu aufgerollt.[40] Für den Straubenzeller Pfarrer Hermann Kutter junior ging es in Deutschland «um letzte, grundsätzliche Glaubensentscheidungen, und darum geht es auch uns an».[41]

Auch der Kirchenrat nahm die Sache nicht auf die leichte Schulter. Im Amtsbericht 1933 schreibt er: «Es gehört zu den eigentümlichen Überraschungen unserer Tage, dass die Kirchen ... plötzlich in die scharfen politischen Auseinandersetzungen der Gegenwart hineingezogen worden sind! ... Wir sehen mit Schrecken, wie die evangelischen Kirchen Deutschlands sich zunächst vom Unerwarteten überrumpeln, blenden und betören liessen ... und wie nun Versäumtes in schweren Kämpfen und unter lebensgefährlichen Erschütterungen nachgeholt werden muss.» Gott lasse sich «von keiner Partei, auch nicht von politischen Übermenschen in den Schatten stellen», getreu seinem Wort: «Ich bin der Herr, dein Gott: du sollst keine andern Götter neben mir haben!» Gerade deshalb habe die Kirche «das Recht und die Pflicht, in das Gewoge und den Wechsel der Politik hinein den Willen Gottes in Jesus Christus geltend zu machen.»[42] Das sind überaus deutliche Worte. Wieder ging es um das «Wächteramt».

Pfarrer und Kirchenrat Robert Rotach publizierte zu Beginn des Jahres 1934 ein schmales Bändchen unter dem auf den ersten Blick harmlosen Titel «Protestantisch, Evangelisch, Reformiert».[43] Wie Paul Vogt, damals noch Gemeindepfarrer in Walzenhausen, im «Allgemeinen Anzeiger Rheineck» bekannt gab, wurde Rotachs Publikation in Preussen verboten.[44] Protestanten, so Rotach, müssten heute «aus dem Glauben an das Evangelium heraus Nein sagen ... gegen die Versuche der Gewalthaber, das Evangelium umzubiegen zu Gunsten menschlicher Zwecke und Ziele, es artgemäss zu machen und in einen Dienst zu stellen für menschliche Machenschaften». Protestanten müssten gegen die «Führerverehrung» protestieren und sich nicht willig unter das Diktat der «Partei-, Presse- oder Nationalpäpste» beugen.[45] Wenn man über die nördliche Grenze schaue, stelle sich die bange Frage: «Ist die evangelische Kirche stark genug gegenüber dem Ansturm eines neuen Heidentums, ist ein Rest evangelischer Christen vorhanden, der vom Taumelkelch nicht trinkt und nüchtern bleibt, festgegründet auf das Evangelium, das sich nicht formen lässt nach den Bedürfnissen des Tages und nach den Forderungen der Machthaber?»[46] Dass diese Worte die preussischen Machthaber erzürnten, kann weiter nicht erstaunen.

In anderen Publikationen der evangelischen Schweiz zögerte man zunächst, wie man sich dem «Kirchenkampf» gegenüber verhalten sollte. Das «Kirchenblatt für die reformierte Schweiz», eines der wichtigsten kirchlichen Blätter, druckte Dokumente der «Deutschen Christen» ab, ohne den Mut zu einem Kommentar aufzubringen, was bei der Leserschaft zu Missverständnissen führte. Pfarrer Hans Baur vom «Schweizerischen Protestantenblatt» gab sich sogar begeistert von einer Tagung der «Deutschen Christen»: «Da war das klopfende Herz deutscher ringender Innerlichkeit zu hören, und ahnungsvoll glaubte man daran, dass einmal aus diesen Kämpfen neues Glaubensgut gewonnen wird.»[47] Äusserungen wie diese waren allerdings selten. Am anderen Pol des Meinungsspektrums stand Leonhard Ragaz. Er brachte den Konflikt in Deutschland auf den Punkt: «Man bekennt sich zum ‹positiven Christentum› und verleugnet durch das Bekenntnis zum Hakenkreuz das Kreuz Christi.»[48]

Zwei Karikaturen der satirischen Zeitschrift «Nebelspalter», die in Rorschach erschien, entsprechen der Aussage von Ragaz. Die eine zeigt ein christliches Kreuz, welches zum Hakenkreuz abgebogen wird, die andere einen Parteimann, der Gott auf «allerhöchsten Befehl» die Parteiuniform überbringt.[49] Verantwortlich für den «Nebelspalter» war Ernst Löpfe-Benz, welcher als Mitglied der Synode der evangelischen Kirche eng verbunden war.

Im Amtsbericht über das Jahr 1934 schrieb der Kirchenrat erneut von den schweren kirchlichen Kämpfen «im Lande der deutschen Reformation» und vom totalitär orientierten deutschen Staatsgebilde, das sich ja wohl in der Schweiz nie in demselben Masse werde ausbilden können. Trotzdem warf er die hypothetische Frage auf, ob man nicht auch in der Schweiz «an die Stelle der ... Volkskirche ... die Bekenntniskirche setzen» müsste.[50] Artikel 2 des damaligen Grundgesetzes der st. gallischen Landeskirche lautete: «Sie (die Kirche) hat die Aufgabe, das Evangelium Jesu Christi vom Reiche Gottes zu verkündigen.» Als ein eigentliches Bekenntnis konnte das nicht gelten.[51] Doch der Kirchenrat verwarf die Idee einer «Bekenntniskirche», denn mit ihrer Einführung würde man weite Kreise des Volkes preisgeben – «ohne Zwang der Stunde». Allerdings müsse man die Gnadenfrist, die der Volkskirche noch gegeben sei, nutzen. Mit dem missionarischen Aufruf: «Ihr Landeskirchen, wacht auf vom Schlafe», schliesst der Kirchenrat seine Erwägungen. Die Frage «Bekenntniskirche oder Volkskirche» blieb bei einzelnen Pfarrern aber noch bis in die Kriegszeit hinein ein Thema. – Die Synode 1935 gab Pfarrer Alphons Koechlin von Basel, einem der wichtigsten Kirchenmänner jener Zeit, das Wort zu den durch den Kirchenkampf aufgebrochenen Fragen.

Kein Zweifel: Die evangelische St. Galler Kirche nahm Partei für die «Bekennende Kirche». Wie Viktor Weiss, Pfarrer in Straubenzell und Religionslehrer am Lehrerseminar Rorschach, berichtete, brannte das Problem «Kirche Christi und Staat» auch der jungen Generation auf der Seele. Im Unterricht komme es zu lebhaften Diskussionen. Ähnliches meldete Pfarrer Paul Trüb von der landwirtschaftlichen Schule Flawil.[52]

DEUTSCHE THEOLOGEN FINDEN AUFNAHME IN ST. GALLEN

Bereits in den ersten beiden Jahren nach dem Machtantritt Hitlers versuchte eine Reihe deutscher bekenntniskirchlicher Pfarrer, in der Schweiz Zuflucht zu finden. Die Berner Landeskirche erhielt über 20 Gesuche, nur zwei wurden berücksichtigt. Graubünden nahm sechs deutsche Pfarrer auf. In Zürich, Thurgau und Schaffhausen mussten die Pfarrer nach Kirchenordnung Schweizer sein, weshalb Deutsche in diesen Kantonen keine dauernde Bleibe finden konnten. (Eine Ausnahme war Professor Siegmund-Schultze als Studentenseelsorger in Zürich.)

Drei deutsche Theologen und eine schweizerisch-deutsche Theologin wurden im Kanton St. Gallen aufgenommen. Vier unterschiedliche Lebenswege sind mit ihren Namen verbunden. Allen gemeinsam war der Widerstand gegen den Nationalsozialismus, die Nähe zur «Bekennenden Kirche» und die Unmöglichkeit, in Deutschland zu bleiben.

Karl Ludwig Schmidt (1891–1956)

Karl Ludwig Schmidt, einer der damals angesehensten Professoren für Neues Testament im deutschen Sprachraum, lehrte wie Karl Barth an der Universität Bonn. Daneben war er Schriftleiter der «Theologischen Blätter», einer Zeitschrift mit grosser Resonanz. Von Haus aus politisch liberal, trat er in den zwanziger Jahren der SPD bei, weil er in dieser Partei die entschiedenste Verteidigerin der «Weimarer Republik» und damit der Demokratie sah. Im Frühling 1933, in den letzten halbwegs freien Wahlen in Deutschland, liess er sich in das Bonner Stadtparlament wählen, um den Nationalsozialismus politisch bekämpfen zu können. Wenige Monate danach, am 15. September, wurde er als Professor abgesetzt. Mitsamt seiner Familie stand er vor dem materiellen und beruflichen Nichts. Da er nun (wie es damals hiess) «politisch belastet» war, konnte er in Deutschland keine Pfarrstelle antreten. Die fünf Kinder wurden in befreundete Familien verteilt. Er selbst benützte die Einladung zu einem Vortrag nach Bern, um sich in die Schweiz abzusetzen. Während einiger Zeit war er Gast in verschiedenen Berner Pfarrhäusern. Dutzende von Bewerbungen um eine Pfarrstelle blieben erfolglos. Dazu schwebte das Damoklesschwert der Ausweisung über ihm. Im Mai 1934 endlich konnte er eine auf vier Monate befristete Verweserstelle in Zürich antreten.[53]

Da wurde ihm durch Kirchenrat Robert Rotach und Kirchenratsschreiber Ulrich Gutersohn eine Verweserstelle im toggenburgischen Lichtensteig angeboten. Sofort griff er zu.[54] Zwar wurde ihm nur das Anfangsgehalt eines Pfarrers angeboten, aber: «...bei alledem sind wir froh», schrieb er, «dass wir nach einer Trennung von 1 Jahr vorerst mal wieder zusammenleben können.»[55] Die Familie zog Anfang November 1934 in Lichtensteig ein. Die Bevölkerung nahm sie gut auf. Die Leute seien sogar stolz gewesen, dass ihr neuer Pfarrer ein deutscher Professor war. Zu den Nachbarpfarrern, besonders zu Dekan Gottlob Wieser in Wattwil, hätten sich freundschaftliche Beziehungen entwickelt, erinnert sich Schmidts Sohn.[56] Ein Jahr dauerte der Aufenthalt in Lichtensteig. Auf das Wintersemester 1935/36 wurde Schmidt als Professor an die Universität Basel berufen. Die Theologiestudenten, deren Präsident damals Eduard Schweizer war, hätten mitgeholfen, den Professor nach Basel zu holen.[57] Die Sommerferien 1936 verbrachte die ganze Familie Schmidt in Lichtensteig, die ein Stück Heimat für sie geworden war.[58] An einem zweiten theologischen Ferienkurs in Wildhaus von 1936 hielt Schmidt das Hauptreferat.

In Basel blieb Karl Ludwig Schmidt fast 20 Jahre, unfreiwillig: «Er wurde in Basel zu einem Heimatlosen, der seine deutsche Heimat verloren hatte und sie zugleich in der Schweiz nie so recht finden konnte», schreibt sein Biograph.[59] Nach dem Krieg war seine Professorenstelle in

Deutschland längst von einem anderen Professor besetzt, und seine «Theologischen Blätter» wurden zuerst von einem anderen redigiert und dann im Jahr 1942 eingestellt, eine bittere Erfahrung!

Felix Troll (1898–1982)

Im Protokoll des Kirchenrates vom 13. September 1934 steht unter dem Stichwort «Brunnadern»: «Als Verweser wurde eingestellt der deutsche Pfarrer Troll, empfohlen von Dekan Wieser.» Im Herbst 1935 wurde Troll mit 5/6 der Stimmen und ohne Gegenstimme zum ordentlichen Pfarrer von Brunnadern gewählt, was der Kirchenrat anschliessend bestätigte. Im «Kirchenboten für das evangelische Toggenburg» wurde er freundlich willkommen geheissen: «Wir hoffen, dass ... er und seine Familie nach mancherlei schwerem Erleben in ihrer deutschen Heimat sich nun ... recht heimisch fühlen.»[60]

Felix Troll stammte aus Hessen, wo er verschiedene Gemeinden versah, «bis er infolge offenen Einstehens für eine menschenwürdige Behandlung seiner jüdischen Mitbürger unter dem jetzigen deutschen Regiment unmöglich wurde.»[61] Dass sich Troll derart früh für die Juden einsetzte, war absolut aussergewöhnlich und zeugt von hoher Sensibilität und grossem Mut. In der «Bekennenden Kirche» begann man sich erst viel später und stets höchst vorsichtig für die Juden zu wehren. Die meisten «bekennenden» Christen hielten sich überhaupt aus dem heiklen Thema heraus. – Troll machte sich rasch mit den Verhältnissen in Brunnadern vertraut. Dabei kam ihm zustatten, dass er nicht Lutheraner, sondern reformiert war. Vor dem toggenburgischen Pastoralverein hielt er ein Referat über die Passionsbilder des einheimischen Kunstmalers Willy Fries und meldete sich 1943 gar für einen Kurs von «Heer und Haus» an. Auf Weisung Berns wurde er aber als Ausländer nicht zugelassen.[62]

1947 bekam Troll «von alliierter Seite einen Vertrauensauftrag für seine Heimat Hessen», der allerdings befristet war.[63] Kurz darauf wurde er von der Kirchgenossenversammlung Brunnadern abberufen, und zwar im Stimmenverhältnis 85 zu 74. Als Grund wurde «Pflichtvernachlässigung» genannt. Dabei, heisst es im kirchenrätlichen Protokoll, habe Troll doch bisher «zur Zufriedenheit der Gemeinde seines Amtes gewaltet».[64] In Brunnadern war man sich offenbar nicht bewusst, dass Trolls Frau schwer erkrankt war. Und der Kirchenrat hatte es – vielleicht auch er aus Unkenntnis – versäumt, rechtzeitig in den Konflikt zwischen der Kirchgemeinde und dem Pfarrer einzugreifen, wie er das in anderen Fällen tat. Felix Troll trat eine Stelle in Bevers im Kanton Graubünden an, nicht ohne dass ihm sein Kollege Carl Gsell im Toggenburger Kirchenboten «hohe Anerkennung» für sein Wirken in Brunnadern gezollt hätte.[65] Troll sei von den Vorwürfen zu entlasten, hielt der Kirchenrat einige Monate später fest.[66]

Reinhold Schmälzle (1901–1969)

Reinhold Schmälzle wurde 1937 von der Evangelischen Gesellschaft St. Gallen-Appenzell zum Pfarrer gewählt. Robert Rotach regte im Kirchenrat an, bei der kantonalen Fremdenpolizei die Einreise des deutschen Pfarrers und seiner Familie zu empfehlen, was dann aber offenbar von anderer Seite geschah. Jedenfalls zog die sechsköpfige Familie in die Pfarrwohnung in St. Katharinen ein. In St. Gallen wurden noch zwei weitere Kinder geboren. Die Mutter Martha Schmälzles fand ebenfalls im Pfarrhaus Zuflucht. Der Kirchenrat erteilte Pfarrer Schmälzle die Predigterlaubnis für das Gefängnis St. Jakob. Für einen kleinen Auftrag stand er also im Dienst der Landeskirche. Bis 1954 blieb die Familie in St. Gallen.

Reinhold Schmälzle stand als Glied der «Bekennenden Kirche» im Abwehrkampf gegen den Nationalsozialismus. Eigentlicher Fluchtgrund war aber die jüdische Herkunft seiner Frau. Martha Serkin stammte aus einer Musiker- und Kaufmannsfamilie, der bekannte Pianist Rudolf Serkin war ihr Bruder. Ihm gelang die Flucht in die USA. Martha Serkin konvertierte noch als Braut zum Christentum und zog nach der Heirat zusammen mit ihrem Mann in eine Schwarzwälder Kirchgemeinde. Da die Nationalsozialisten spätestens seit 1935 keinen Unterschied mehr machten zwischen Juden und sogenannten «Judenchristen», musste sich die junge Pfarrfamilie auf das Schlimmste gefasst machen und suchte deshalb nach Möglichkeiten einer Emigration.

In einer Broschüre der «Evangelischen Gesellschaft» werden Robert Schmälzles gründliche theologische Kenntnisse gelobt. «Diese St. Galler Zeit war reich ausgefüllt mit einer gesegneten Tätigkeit in Predigt, Seelsorge .... sowie in der Mitarbeit im hiesigen CVJM.»[67] Schmälzles führten ein offenes Haus.[68] Ihr Name taucht wiederholt in kantonalkirchlichen Dokumenten auf: Pfarrer Schmälzle hielt Vorträge in kirchlichen Gremien, und während des Krieges stellte er sich als Vertreter für dienstabwesende Pfarrer zur Verfügung.

Ruth Abderhalden (1914–1997)

Im Frühling 1941 bat die junge Theologin Ruth Abderhalden den st. gallischen Kirchenrat um ein geeignetes Arbeitsfeld.[69] Dieser zögerte nicht lange und nahm sie als Seelsorgerin für die neue Frauenklinik am Kantonsspital in Aussicht, dies, obwohl in der Schweiz damals Theologenüberfluss herrschte.[70] Mit Wohlwollen nahm er zur Kenntnis, dass sich «Frl. Ruth Abderhalden» bemühe, den Dialekt zu erlernen, «da ihre hochdeutsche Sprache sonst ein Hindernis für ihre Wirksamkeit schaffen würde.»[71] Im August 1941 begann Ruth Abderhalden ihre Tätigkeit am Kantonsspital. Sie war die erste Theologin, die in der St. Galler Kirche eine volle Pfarrstelle versah, wenn auch nur als sogenannte «Hilfspfarrerin».

Ruth Abderhalden wurde in Halle in Deutschland geboren. Die Mutter war Deutsche. Der Vater, der aus Ebnat im Toggenburg stammende Emil Abderhalden, hatte an der halleschen Universität den Lehrstuhl für Physiologie inne. Als Kind machte Ruth Abderhalden eine Kinderlähmung durch und blieb für den Rest ihres Lebens leicht gehbehindert. Nach ihrem Abitur, ungefähr gleichzeitig mit Hitlers Machtantritt, begann sie Theologie zu studieren, und zwar als Glied der «Bekennenden Kirche». Nach Aussage ihrer späteren langjährigen Schweizer Freundin setzte sie sich zusammen mit anderen Studierenden für abgesetzte, das bedeutet regimekritische, Professoren ein. Die Eltern hätten erfahren, dass sie auf die «Schwarze Liste» gesetzt worden sei, worauf sie ihren Rucksack gepackt habe. Nach langem Warten erst bekam sie ein Visum für die Schweiz, worauf sie sofort abreiste. Am nächsten Morgen stand die Gestapo an der Wohnungstür und fragte nach der jungen Frau.[72]

Nach ihrer Flucht aus Deutschland kam Ruth Abderhalden bei der befreundeten Professorenfamilie Rübel in Zürich unter und schloss ihr Studium u. a. bei Emil Brunner ab. Am Frauenspital St. Gallen besuchte die junge Pfarrerin die Patientinnen pflichtbewusst mindestens einmal pro Woche. Zur Seelsorge kam die Fürsorge hinzu, da es im Spital keine Sozialarbeiterinnen gab. Freude bereitete es ihr, Weihnachten 1943 zusammen mit an Diphtherie erkrankten Kindern feiern zu können.[73] Neben den Patientinnen betreute Ruth Abderhalden auch die weiblichen Gefangenen in der Strafanstalt St. Jakob. «Wie überall bei unserer Arbeit braucht es da viel Geduld und Hoffnung und Glauben», schreibt sie zu diesem Zweig ihrer Tätigkeit und fährt fort: «Die Fürsorge der Strafentlassenen muss irgendwie noch besser gestaltet werden; denn bei dem schweren Übergang ins Alltagsleben straucheln viele aufs neue.»[74] Mit mehreren Frauen stand sie nach deren Strafentlassung weiter in Verbindung.[75] Der Kirchenrat verfolgte das Wirken Ruth Abderhaldens mit Interesse. Am

Kriegsende brachten die vielen kranken Flüchtlinge im Spital zusätzliche anstrengende Arbeit mit sich. Als sie kurz danach selbst gesundheitliche Probleme bekam, zeigte sich der Kirchenrat besorgt und verständnisvoll.

SCHWEIZERISCHES EVANGELISCHES HILFSWERK FÜR DIE BEKENNENDE KIRCHE IN DEUTSCHLAND (SEHBKD)

Im Jahr 1937 wurden der bekannte bekenntniskirchliche Pastor Martin Niemöller und weitere Pfarrer verhaftet. Allgemein verstärkte sich der Druck auf die «Bekennende Kirche». Anzeichen der Zermürbung der Bewegung waren unverkennbar. In einer «Kanzelabkündigung» der «Bekennenden Kirche» vom 20. August 1937 heisst es: «So steht die Kirche ... nicht im Kampf gegen völkische Kräfte, sondern sie kämpft darum, dass sie in voller Freiheit ungeschmälert die frohe Botschaft dem deutschen Volk ausrichten kann.»[76] Das war ein Rückzug auf die ursprüngliche, sehr vorsichtige Position. Eine Abfallbewegung setzte ein. Die übrig Gebliebenen erwogen 1938 die Ablegung eines Treueides auf Hitler.[77] Treffend schrieb der Sennwalder Pfarrer Herbert Hug dazu: «Die Kirche in der Schweiz kann dankbar dafür sein, dass sie nicht an die lutherische Staatslehre gebunden ist. Sie vermag darum klarer und bestimmter Grenzlinien zu ziehen, die den Befugnissen des Staates durch das Wesen des christlichen Glaubens gesteckt sind.»[78]

Als Reaktion auf die Verschärfung des «Kirchenkampfes» entstand in Zürich das «Schweizerische Evangelische Hilfswerk für die Bekennende Kirche in Deutschland», das SEHBKD. Hinter der Gründung stand Paul Vogt, der spätere «Flüchtlingspfarrer». Es gelang ihm, Karl Barth für seine Sache zu gewinnen. Der fromme, praxisorientierte Pfarrer und der prophetische Professor bildeten von da an ein ungleiches, aber im Engagement für die «Bekennende Kirche» und für die Flüchtlinge einiges Gespann. Vogt rief zunächst zur Hilfe für bedrängte Pfarrfamilien auf. Bis Januar 1938 weilten auf seine Einladung 97 Kinder und 23 Erwachsene zu Ferien in der Schweiz, einige davon im Kanton St. Gallen. Da die Ausbildungsstätten der «Bekennenden Kirche» geschlossen worden waren, organisierte er theologische Ferienkurse im Sozialheim «Sonneblick» in Walzenhausen, das er zusammen mit der Appenzellerin Clara Nef gegründet hatte.

Im Advent 1937 wandten sich Paul Vogt und Karl Barth sowie einige weitere Theologen, darunter Robert Rotach und Ulrich Gutersohn, in einem Memorandum an alle evangelischen Pfarrer und etwas später an alle kirchlichen Behörden der Schweiz. Sie wiesen auf den «kaum noch verhüllten Vernichtungskrieg gegen den inneren und äusseren Bestand der christlichen Kirche» in Deutschland hin. An die Stelle des Glaubens an Jesus Christus sei die Selbstanbetung des deutschen Menschen, die Verherrlichung des deutschen Volkstums und die religiöse Ergebenheit gegenüber dem deutschen Führer getreten. Wo es um den christlichen Glauben gehe, könnten sich Landesgrenze und Neutralität einer Stellungnahme nicht in den Weg stellen. Man möge Fürbitte tun für die Kirche in Deutschland.[79]

Innerhalb des schweizerischen Protestantismus löste das Memorandum eine Kontroverse aus. Leonhard Ragaz, «Oberhaupt» der Religiössozialen, vermisste eine Stellungnahme zugunsten der Juden und oppositioneller Sozialdemokraten, Kommunisten und Pazifisten. Ragaz war unter den kirchlichen Vertretern der Schweiz der wohl schärfste Kritiker des nationalsozialistischen Regimes. Zusammen mit seiner Frau, Clara Ragaz-Nadig, führte er in Zürich eine «Auskunftsstelle für Flüchtlinge» und betreute vor allem Flüchtlinge, die durch die Maschen anderer Hilfswerke fielen. – Der Berner Kirche hingegen war das Memorandum zu unvorsichtig. Zudem bedeute es eine Einmischung in die bernische Landeskirche.

Der St. Galler Pfarrer Hans Martin Stückelberger schrieb an Vogt: «Sie wissen vielleicht, wie vaterländisch ich gesinnt bin und wie überempfindlich gegen jede «Verquickung von kirchlichen und politischen Dingen». Er sei nicht einverstanden mit dem Memorandum, stehe aber in ständiger Fürbitte für die Bekennende Kirche.[80] Stückelberger beteiligte sich aber trotzdem an den sogenannten «Wipkinger Tagungen» des SEHBKD, zu welchen jeweils Hunderte von Pfarrern aus der ganzen Schweiz zusammenströmten.

Ohne etwas vom Memorandum zu wissen, schrieb der evanglische St. Galler Rechtsanwalt Dr. Oskar Lutz hingegen an den in ökumenischen Gremien tätigen Professor Adolf Keller und an Pfarrer Paul Vogt in Zürich: Er vermisse die sofortige Absendung eines Protest- oder doch wenigstens Bitt-Telegramms an das Landgericht Berlin-Mitte oder die Reichsregierung wegen der skandalösen Weiterinhaftierung Pfarrer Niemöllers. «Ich bin sicher und weiss es, dass die protestantische Bevölkerung einen kräftigen Protest erwartet.» Der Brief war, wie Lutz selbst bemerkte, ein «etwas impulsiv geratener Verzweiflungsruf». Er erfuhr mit Befriedigung vom Memorandum, hielt jedoch in einem zweiten Brief fest, dass alle Schritte offen in der Presse hätten bekannt gegeben werden sollen, «denn bei der Mentalität der Nationalsozialisten hilft keine diplomatische Behandlung, sondern nur ein internationaler Pressesturm ...»[81]

Von 45 Prozent der 1188 angeschriebenen Pfarrer liefen Reaktionen ein, meist zustimmende. Nur 7 Prozent der Antwortenden sprachen sich deutlich gegen das Memorandum aus. Der Rücklauf fiel je nach Landeskirche unterschiedlich aus. Mit über 50 Prozent lag St. Gallen zusammen mit Zürich, Appenzell und Basel-Stadt an der Spitze, in Graubünden betrug er nur 30 Prozent.[82]

Graduelle Meinungsunterschiede zum Memorandum sind bei den drei Kirchenvorsteherschaften Flawil, Straubenzell und Grabs auszumachen: Die Gemeinde Flawil, so die Kirchenvorsteher, nehme «lebhaft Anteil» an den Glaubenskämpfen in Deutschland. Sie wolle wie auch bisher schon im Gottesdienst für «die verfolgten Glaubensgenossen» beten, «ohne allerdings die Deutschen extra zu erwähnen. Wenn wir das Gebet für die deutsche evangelische Kirche zu einem festen Bestandteil unserer schweiz. reformierten Gottesdienste machen würden, wären doch unliebsame Konsequenzen zu befürchten.» – Straubenzell jedoch schrieb: «Unsere Vorsteherschaft hält es für selbstverständlich, dass die Schweizer als evangelische Mitchristen im Gebete Anteil nehmen an dem, was unsere Glaubensbrüder in Deutschland, Russland, Spanien und andern Ländern zu leiden haben ... In diesem Sinne lassen wir uns gerne zu einer freudigen Teilnahme ... aufrufen.» – Nochmals anders Grabs: «Auf Grund der Aufklärung durch Herrn Pfarrer Sonderegger über Ihre Bestrebungen in Sachen der deutschen Bekenntniskirche hat die K'Vorsteherschaft Grabs sich bereit erklärt, die Zustimmungserklärung abzugeben.»[83] Nicht nur in Grabs, sondern auch in den beiden anderen Kirchgemeinden werden die Pfarrer ihren Einfluss geltend gemacht haben.

Im Zusammenhang mit dem Memorandum stellten sich drei Fragen: 1. Die Frage nach der Ausgewogenheit bei der Fürbitte für verfolgte Christen: Sollte man in globo für alle beten oder spezifisch für eine bestimmte Gruppe in einem bestimmten Land, konkret in Deutschland? – 2. Sollte man nur für die bekennenden Christen beten oder auch für andere Gruppen von Verfolgten in Deutschland? – Und 3. Wie weit konnten Äusserungen zum Kirchenkampf und insbesondere die Parteinahme für die «Bekennende Kirche» gehen, ohne ihr zu schaden? Je nach Standpunkt wurden die Fragen unterschiedlich beantwortet.

Nach Kriegsausbruch flaute der «Kirchenkampf» vordergründig ab. Einerseits wurden die meisten Pfarrer der «Bekennenden Kirche» zum Militärdienst eingezogen, anderseits war Hitler jetzt darauf angewiesen, das ganze deutsche Volk hinter sich zu haben, und ging deshalb etwas weniger aggressiv mit den Kirchen um. Das Thema

«Kirchenkampf» rückte auch in der Schweiz in den Hintergrund. Dafür konzentrierte sich das Interesse mehr und mehr auf die Flüchtlingsfrage. Auch Pfarrer Vogt machte es sich nun zur Aufgabe, für «judenchristliche» und später auch für jüdische Flüchtlinge zu sorgen. Wichtig ist aber, dass in der St. Galler Kirche praktisch vorbehaltlos Partei zugunsten der «Bekennenden Kirche» ergriffen wurde.

3 Judenverfolgung und St. Galler Kirche in der Vorkriegszeit

JUDENFEINDSCHAFT ALS KONSTANTE DER EUROPÄISCHEN GESCHICHTE

Der Judenhass ist keine Erfindung der Nationalsozialisten. Bereits im Mittelalter, im «christlichen Abendland», fanden immer wieder schwere Übergriffe auf die Juden statt. Ihnen lastete man die Verantwortung für den Tod Jesu am Kreuz an, weshalb sie als «Gottesmörder» gebrandmarkt wurden. Auch galten sie als «verstockt», weil sie sich nicht zu Jesus bekehren lassen wollten. Diese religiös begründete Judenfeindschaft wird als Antijudaismus bezeichnet. Wirtschaftlicher Neid spielte ebenfalls mit bei den frühen Judenverfolgungen: Da den Juden nämlich fast alle «ehrlichen» Berufe verboten waren und ein christliches Zinsverbot herrschte, sprangen sie beim Bankgeschäft in die Lücke. Die meisten Juden betrieben aber einen kleinen Handel und waren eher arm. – Von dieser dunklen und gewalttätigen Tradition machte auch die Ostschweiz keine Ausnahme. 1349 kam es in der Stadt St. Gallen anlässlich einer Pestepidemie zur Folterung und Ermordung von Juden. Es wurde ihnen vorgeworfen, sie hätten die Brunnen vergiftet, einer der stereotypen, grotesken Vorwürfe gegen diese Minderheit.

Auch Martin Luther und sein humanistischer Gegenspieler Erasmus von Rotterdam waren nicht frei von Antijudaismus. Im 18. Jahrhundert hingegen setzten sich aufklärerische Denker für Toleranz unter den christlichen Konfessionen und teilweise auch unter den drei monotheistischen Weltreligionen ein. Berühmtheit erlangte in diesem Zusammenhang Lessings Schauspiel «Nathan der Weise»: Im Zentrum des Stückes steht die Parabel von den drei Ringen, welche für Judentum, Christentum und Islam stehen und – dies die toleranzphilosophische Pointe – sich nicht voneinander unterscheiden lassen. Neben der Aufklärung behauptete sich jedoch der alte christliche Antijudaismus weiter. Bei der eidgenössischen Abstimmung vom 14. Januar 1866 über die Gleichstellung der Juden in der Schweiz verwarfen die St. Galler mit 23'390 gegen 9'961 Stimmen die Vorlage deutlich. Nur Luzern, Uri, Schwyz, Nidwalden, Zug, Appenzell Innerrhoden und Graubünden, also eher ländliche Kantone, hatten grössere ablehnende Mehrheiten. Die Vorlage wurde gesamtschweizerisch mit 170'032 gegen 149'401 Stimmen angenommen.[84]

Die moderne Form des Judenhasses, der «Antisemitismus», entstand in der zweiten Hälfte des 19. Jahrhunderts, zur Zeit, als die Juden sich in die bestehende Gesellschaft einzugliedern begannen und vom Staat die bürgerlichen Rechte erhielten.[85] Gelegentlich wird der Antisemitismus als Gegenreaktion auf die Judenemanzipation gedeutet.[86] In den preussischen Jahrbüchern 1879 findet sich der schreckliche Satz des berühmten Historikers Heinrich von Treitschke: «Die Juden sind unser Unglück.»[87] Latent war der Antisemitismus in den meisten europäischen Staaten des späteren 19. Jahrhunderts vorhanden, einer der Gründe dafür, dass unter prominenten, oft säkularisierten Vertretern des Judentums die Idee des Zionismus, d. h. eines Judenstaates in Palästina, entstand.[88]

Neu an der modernen Version des Judenhasses ist die biologische Begründung: Antisemiten bezeichneten die Juden als «rassisch minderwertig».[89] Zur Zeit des 1. Weltkrieges begann man den Juden auch Weltbeherrschungsabsichten unterzuschieben und sah in ihnen «zersetzende Kräfte».[90] Der Antisemitismus wurde in zugespitzter Form in die Ideologie des Nationalsozialismus aufgenommen, zu ihrem Kernpunkt gemacht und in vier Phasen konsequent in die politische Praxis umgesetzt.

Im Jahr 1933 gab es in Deutschland zirka 560'000 Jüdinnen und Juden. Sie machten einen Anteil von 0,9 Prozent der Bevölkerung aus. Kurz nach dem Machtantritt Hitlers kam es zu ersten Ausschreitungen: Juden wurden verspottet und angepöbelt, teilweise auch verprügelt. Verantwortlich dafür waren die Schlägertrupps der SA und Leute von der Parteibasis. Schon im April 1933 begann indes die offizielle Diskriminierung der Juden und damit die erste von Staates wegen angeordnete Phase der Verfolgung. Das Regime rief zum Boykott jüdischer Geschäfte auf und entliess die jüdischen Beamten, wozu auch die Hochschullehrer gehörten, aus dem Staatsdienst. Erste Gruppen von Juden verliessen Deutschland. In den folgenden beiden Jahren kam es sporadisch zu weiteren Tätlichkeiten, aber aufs Ganze gesehen liess der Druck etwas nach. Viele Juden in Deutschland redeten sich ein, es habe sich nur um einen vorübergehenden Ausbruch des Volkszorns gehandelt.

Nach dem Reichstagsbrand vom 27. Februar 1933, der vom Regime den Kommunisten angelastet wurde, und dem Verbot aller Parteien ausser der NSDAP vom 14. Juli 1933 verliessen auch politische Opponenten, zumal linker Couleur, ihr Heimatland. Bis zum September 1933 wanderten insgesamt rund 10'000 Flüchtlinge in die Schweiz ein. Die meisten begaben sich bald in Drittländer. Um die etwa 600 Juden und Jüdinnen, welche ein Gesuch zum Bleiben stellten, kümmerte sich die jüdische Flüchtlingshilfe. Bereits 1933 waren die jüdischen Flüchtlinge in der Schweiz ungern gesehen.

ST. GALLER KIRCHE, «JUDENFRAGE» UND ALTES TESTAMENT

Die «Judenfrage»

In den Protokollen des st. gallischen Kirchenrates von 1933 und im Amtsbericht über das Jahr 1933 ist kein direktes Echo auf die Diskriminierung politisch Andersdenkender und auf die antijüdischen Ausschreitungen in Deutschland zu finden, auch nichts zur ersten Flüchtlingswelle von 1933, nichts zur offiziellen schweizerischen Flüchtlingspolitik und nichts zum Antisemitismus, der sich damals in frontistischen Kreisen der Schweiz ausbreitete. Anders als an der Synode in Zürich, wo sich der Alttestamentler Prof. Dr. Ludwig Köhler und 14 Gesinnungsgenossen am 22. November 1933 gegen den Judenhass zu Wort meldeten, gab es an den St. Galler Synoden von 1933 bis 1938 keine derartige Intervention.[91]

Der spätere «Flüchtlingspfarrer» Paul Vogt, damals Gemeindepfarrer in Walzenhausen, nahm hingegen bereits am 29. Juli 1933 in der «Neuen Bündner Zeitung» pointiert Stellung: «Die Juden sind im Dritten Reich eine Sorte von Hauptsündenböcken, die man jetzt entdeckt und gefunden hat. Welches Glück, einen solchen Sündenbock gefunden zu haben, der sozusagen an allem und jedem schuld ist.»[92]

Auch einzelne St. Galler Persönlichkeiten reagierten auf die ersten Judenverfolgungen. 1934 äusserte der als liberal geltende Pfarrer in Heiligkreuz, Hans Böhringer, im «Gemeindeblatt der Protestanten von Tablat» bemerkenswert hellsichtige Gedanken: «Wie aber, wenn heutzutage neben der Offenbarung Gottes in seinem Wort als völlig gleichwertige Erkenntnisquelle unseres menschlichen Seins und Lebens das Blut, das Völkische, der nationalsozialistische Staat gesetzt wird? Muss es da nicht notwendig zu jenen in Theorie und Praxis furchtbaren Verirrungen kommen, dass ... über Leiber und Leben der Menschen gewaltsam, ja grausam verfügt wird im Namen des zum Götzen gewordenen Staates oder einer vergotteten Partei ... oder Rasse ...?»[93] – Robert Sturzenegger, Kirchgemeindepräsident von Tablat, distanzierte sich in einem grundlegenden Artikel von der Behauptung, dass das Judentum eine der treibenden Kräfte der «Entsittlichung» sei. Ebenso entschieden bestritt er die angebliche Überlegenheit der deutschen Rasse gegenüber Andersstämmigen.[94] Die zwei Tablater gehörten in der Folge zu den entschiedensten Fürsprechern der jüdischen Flüchtlinge.

Die «Freie protestantische Vereinigung» St. Gallen, die 1919 gegründet worden war und zu der eine «respektable Anzahl markanter Männer, nicht zuletzt auch Politiker» gehörten[95], wollte ein Forum für den Gedankenaustausch über die theologischen Richtungen hinweg bieten. Sie veranstaltete Vorträge und machte sich die «Wahrung evangelischer Anliegen» zum Ziel.[96] Die bedeutendsten Vertreter des damaligen schweizerischen Protestantismus und auch ausländische Theologen traten hier auf. «Man kann wohl sagen, dass die entscheidenden Impulse für das kirchliche Leben der evangelischen Bevölkerung der Stadt St. Gallen damals von der Freien protestantischen Vereinigung ausgegangen sind ...»[97] Die St. Mangenkirche oder die Tonhalle liessen sich mühelos füllen, wenn etwa Karl Barth oder Emil Brunner als Redner angesagt waren. Die Ausstrahlungskraft der «Vereinigung» ging weit über die Grenzen der Stadt hinaus. «Die Gemüter waren wach geworden, wie sie es seit Jahrhunderten nicht mehr» gewesen sind.»[98] 1935 übernahm der kirchlich engagierte Henry Tschudy vom Theologen Ulrich Gutersohn das Präsidium des Vereins. Der vielseitig gebildete Tschudy war Buchdrucker, Politiker, Vorstandsmitglied unzähliger karitativer und kultureller Institutionen sowie Mäzen in einer Person.

Die «Vereinigung» stellte sich dem Thema «Juden» früh und bewusst. Am 31. Mai 1933 hielt in diesem Kreis der Berliner Theologe und Pazifist Friedrich Siegmund-Schultze ein Referat über «Die gegenwärtigen Aufgaben einer Freundschaftsarbeit der Kirchen». Professor Siegmund-Schultze war einer der Lehrer Dietrich Bonhoeffers. Wenige Wochen später, am 21. Juni 1933, wurde Siegmund-Schultze in Berlin verhaftet und «wegen Hilfe an Juden in 93 Fällen» aus Deutschland ausgewiesen.[99] Er gelangte mitsamt seiner Frau und seinen vier Kindern in die Schweiz, wo ihm die Zürcher Kirche eine Stelle als Studentenseelsorger vermittelte.[100] Ebenfalls in der «Freien protestantischen Vereinigung» referierte Walter Hoch, Pfarrer in St. Leonhard, am 4. Dezember 1933 über «Die Judenfrage».[101] – Der Begriff «Judenfrage» war im nationalsozialistischen Deutschland allgegenwärtig. Er geht auf den Buchtitel «Die Judenfrage als Frage des Rassencharakters und seiner Schädlichkeit für Existenz und Kultur der Völker» zurück.[102] Das implizierte, dass die Juden an sich ein Problem seien. In der Schweiz, auch in der St. Galler Kirche, übernahm man den Begriff «Judenfrage» in recht gedankenloser Weise, und zwar ohne Anfangs- und Schlusszeichen.

Dieser Begriff gehört wie «Volksgemeinschaft» zu den «vergifteten» Wörtern. Auch die Begriffe «Rasse», «Arier», «Arisierung», «Halbjude», «Judenchrist», «Endlösung» und «Führer» sind Teil der nationalsozialistischen Ideologie. In dieser Studie verwenden wir sie deshalb konsequent mit Anführungs- und Schlusszeichen.[103] Karl Barth schrieb am 1. September 1933, zwar ebenfalls ohne Anführungs- und Schlusszeichen, aber in deutlicher Abgrenzung: «Gerade in der Judenfrage könnte ich nicht den kleinsten Schritt mittun mit dem Nationalsozialismus.»[104] Am 10. Dezember 1933 sagte er in einer Predigt, die er in Druck gab und von der er ein Exemplar auch an Adolf Hitler sandte, «dass man im Glauben an Christus, der selbst ein Jude war ..., die Missachtung ... und Misshandlung der Juden, die heute an der Tagesordnung ist, einfach nicht mitmachen darf.»[105]

Es war wohl kein Zufall, dass die toggenburgische Pastoralgesellschaft als erste 1934 gleich zwei Vorträge zum Thema «Judenfrage» organisierte.[106] Es gab im Toggenburg eine Reihe von Pfarrern, welche die Übergriffe gegen Juden in Deutschland besonders aufmerksam verfolgten, allen voran Prof. Dr. K. L. Schmidt in Lichtensteig, aber auch Dekan Gottlob Wieser in Wattwil, später Redaktor des gesamtschweizerischen «Kirchenblattes», das unter ihm die barthianische Linie vertrat, und der Pazifist Gottlieb Roggwiller, damals Pfarrer in Kappel.

Im Pastoralverein Rheintal-Werdenberg hielt im Jahr 1935 Pfarrer Hans Fischer aus St. Margrethen ein Referat über «Die Juden in der Schweiz». «In der anschliessenden Diskussion erfuhr die Judenfrage eine sehr verschiedene Beantwortung, je nachdem die politische oder die religiöse Seite des Problems im Vordergrund stand.»[107] Den knappen Angaben sind Meinungsunterschiede in der Rheintaler Pfarrerschaft zu entnehmen. Man geht wohl nicht fehl in der Annahme, dass der rassistisch, wirtschaftlich und kulturell begründete Antisemitismus mit grossem Mehr abgelehnt, der herkömmliche, christlich begründete Antijudaismus aber von etlichen verteidigt wurde. Damals waren ja auch noch weite kirchliche Kreise Verfechter der Judenmission. – Wie Peter Walter, damals Pfarrer in Sax, erzählt, hätten er und seine Kollegen Herbert Hug in Sennwald und Werner Graf in Salez nächtelang leidenschaftlich über die Geschehnisse in Deutschland diskutiert, insbesondere über die «Judenfrage» und die Judenmission.[108]

Im Sommer 1934 erhielt der st. gallische Kirchenrat durch Vermittlung des «Schweizerischen Evangelischen Kirchenbundes» ein Memorandum[109], das im Kern eine Stellungnahme gegen den Antisemitismus enthielt. Auf eindringliche Weise wurde darin zur Hilfe für die verfolgten, umherirrenden Juden und insbesondere für die Judenchristen aufgerufen. Unter «Judenchristen» sind zum Christentum übergetretene Juden zu verstehen.[110] Verfasser dieses Memorandums war Professor Adolf Keller, der seit 1922 Generalsekretär der «Europäischen Zentralstelle für kirchliche Hilfsaktionen» in Genf war.[111] Keller war in den Dreissigerjahren auch deutschsprachiger Sekretär des «Schweizerischen Evangelischen Kirchenbundes» und in diesem Gremium die treibende Kraft zugunsten der jüdischen und «judenchristlichen» Flüchtlinge.[112]

Der Kirchenrat legte Kellers Memorandum kommentarlos «ad acta»[113], vielleicht, weil die Zahl der evangelischen «judenchristlichen» Flüchtlinge in der Schweiz damals noch sehr klein war.[114] Am 22. November 1934 setzte der Kirchenrat ein neues Schreiben des Kirchenbundes betreffend der Fürsorge für Flüchtlinge und ein Gesuch um Unterstützung der Hungernden in Russland immerhin in Zirkulation. Einen Handlungsbedarf sah der Kirchenrat aber ähnlich wie andere kantonale Kirchenräte selbst im Jahr 1935 noch nicht, nachdem in einem neuen eindringlichen Appell Kellers zu lesen stand: «Tausende solcher Heimatloser irren gegenwärtig zwischen den Grenzen herum. Die Polizei der verschiedenen Länder spielt Fussball mit ihnen. Niemand will sie.»[115]

Laut den Protokollen des Kirchenrates wurde die «Judenfrage» in den ersten drei Jahren der nationalsozialistischen Herrschaft nicht traktandiert. (Am Rande der Sitzungen wird man aber zweifellos davon gesprochen haben.) Im «Evangelischen Gemeindeblatt Straubenzell» wurde jedoch ein Appell Adolf Kellers an die Kirchgemeinden abgedruckt: «Wir bitten die, die eine Heimat haben, ein Dach über sich, sich an einen gedeckten Tisch setzen können, derer zu gedenken ..., die nicht einmal mehr jenen Füchsen und Vögeln gleichen, die Gruben und Nester haben, sich darinnen zu verbergen.»[116]

Schliesslich nochmals ein Wort Karl Barths, diesmal in einem Brief vom Januar 1934: «... die gegenwärtig in Deutschland versuchte Lösung der Judenfrage ist menschlich, politisch und christlich eine Unmöglichkeit. ... die evangelische Kirche müsste heute mit einem lauten Nein zu allem, was jetzt in der Arierfrage geschieht ... und sogar mit einer ernsten Fürsprache für die Glieder der Synagoge auf dem Plan sein.»[117] Dieses laute «Nein» fehlt in den Verlautbarungen des Kirchenrates St. Gallen der Jahre 1933 bis 1935, im Gegensatz etwa zum Zürcher Kirchenrat, der das Volk Anfang 1934 dazu aufrief, das «Herz allen Gefühlen des Rassen- und Religionshasses zu verschliessen».[118]

Auch der Zürcher Theologieprofessor Emil Brunner stellte sich an die Seite der Juden. Am Basler Missionsfest 1934, an dem auch eine Delegation aus St. Gallen teilnahm, hielt er einen Vortrag über «Die Unentbehrlichkeit des Alten Testamentes». Die Themenwahl war unter den damaligen Umständen von höchster Bedeutung, wollten die «Deutschen Christen» doch das Alte Testament abschaffen: «Befreiung vom Alten Testament mit seiner jüdischen Lohnmoral, von diesen Viehhändler- und Zuhältergeschichten» forderte Reinhold Krause, der Führer der Deutschen Christen Berlins, in seiner berüchtigten Rede im Berliner Sportpalast vom 13. November 1933 und riss damit die 20'000 Zuhörer zu Begeisterungsstürmen hin.[119] Demgegenüber stellte Brunner mit aller Eindringlichkeit fest: «Die Kirche steht und fällt mit dem Alten Testament, ebenso wie sie mit Jesus Christus steht und fällt. Ohne das Alte Testament gibt es keinen Jesus Christus.» Und: «Zunächst ist etwas sehr Einfaches und Realistisches zu sagen: Jesus Christus ist ein Jude, und alle Apostel sowie alle Glieder der Urgemeinde sind Juden. Der Satz gilt in vollem Umfang: Das Heil kommt von den Juden. Der ewige Gott ist als Jude Mensch geworden und hat aus Juden das Fundament der Kirche gebildet. Der Begriff Jude aber ist kein Rassebegriff ... Aus dem Alten Testament erhielt er (Jesus) seine geistige Nahrung, an ihm lernte er, was Gottes Wille und Gottes Wesen ist.»[120] Brunners Rede hallte nach im Rheintal. Der Grabser Pfarrer Florian Sonderegger zitierte daraus im Rheintaler Kirchenboten.[121]

Auf einer bereits 1933 entstandenen Zeichnung des «Nebelspalters» befielt ein Parteimann dem Museumswächter, die «Vier Apostel» Albrecht Dürers zu entfernen, solange deren Stammbaum nicht untersucht sei.[122] (*s. Abb. S. 52*)

Ebenfalls sehr früh, am 25. Juni 1933, lange vor der Sportpalastrede und Emil Brunners Widerspruch, verteidigte Kirchenrat Robert Rotach in seiner Predigt am Vorabend der Synode zu St. Laurenzen das Alte Testament und das jüdische Volk. In Auslegung von 1Petr 2,5f. führte er aus: «In Zion habe ich meinen Eckstein gelegt. Was heisst das anders als: in der göttlichen Offenbarung Alten und Neuen Testaments, in der ganzen Heilsgeschichte, wie sie in der Bibel bezeugt wird. ... Auch das Alte Testament, dem man aus Rassegründen zu Leibe gehen will. In der Kirche Christi glaubt man nicht an das arische Blut und nicht an das semitische Blut, sondern an das Blut Christi, das vergossen ist für viele zur Vergebung der Sünden. In der Kirche Christi wird das Alte Testament bekannt, nicht als Religionsbuch eines geschmähten Volkes, sondern als ‹Zeugnis der Offenbarung Gottes im Alten Bunde, als Weissagung, Pfeil und Fingerzeig auf Christus, den Vollender.›»[123] Wohl wird hier durch den «positiv» gesinnten Pfarrer Rotach das Alte Testament im heilsgeschichtlichen Sinne für das Christentum vereinnahmt. Viel wichtiger ist aber, dass er sich für das Alte Testament und gegen die Schmähung der Juden aussprach. – Am 25. Juni 1933 hielt Professor Ulrich Gutersohn die Eröffnungspredigt zur Synode. Auch er distanzierte sich von einer nationalistischen, auf Blut und Rasse gegründeten Gemeinde.[124]

An der Hauptversammlung der «Freien Protestantischen Vereinigung» vom 12. März 1934 sprach der Basler Alttestamentler Wilhelm Vischer vor vielen Zuhörern über «Die Bedeutung des Alten Testamens für die christliche Gemeinde».[125] Mit der Einladung Vischers bewies die «Vereinigung» erneut ein Gespür für die drängenden religiösen Zeitfragen. Vischer hatte kurz zuvor wegen seiner Opposition gegen den Nationalsozialismus und seines Eintretens für die Juden seine Dozentenstelle in Deutschland verloren. 1938 verfasste er das Memorandum «Das Heil kommt von den Juden», in dem er den Antisemitismus zurückwies. Das Memorandum fand weite Verbreitung unter den Schweizer Pfarrern.[126] Vischers grosses Verdienst lag in seiner vehementen Verteidigung des Alten Testaments als unaufgebbarer Grundlage des Christentums. In diesem Punkt war er führend.

Ein weiteres St. Galler Beispiel für Hochschätzung des Alten Testaments: Der von Brunner geprägte (und von Karl Barth beeindruckte) Hans Martin Stückelberger[127] hielt zwischen April 1940 und April 1942 62 Predigten, davon 20 über das Alte Testament. In seiner Predigt über 1Mos 18,22-32 ging es um die Zerstörung von Sodom und Gomorrha, die Abraham um der dortigen «Gerechten» willen verhindern wollte. «Gott lässt sich mit einem Menschen in ein Gespräch ein und lässt regelrecht mit sich markten, gibt sogar Schritt für Schritt nach.» Manche würden jetzt denken, so Stückelberger, das sei eine «typisch jüdische Überlieferung voller Ungereimtheiten», das tue der Macht und Heiligkeit Gottes Abbruch. Doch dass Gott hier seine «Nähe und Liebe» zeige, schmälere seine «Herrlichkeit» keineswegs. Es zeuge von der Grösse Gottes, dass er Abraham über die Zerstörung der «gottlosen» Stadt ins Vertrauen ziehe. Am Schluss müsse Abraham erkennen: Es gibt «diese Gerechten ja gar nicht».

Stückelberger entwarf ein differenziertes Gottesbild. Er korrigierte damit auf subtile Art Vorurteile, die von der Vorstellung eines fernen, alttestamentlichen «Rachegottes» ausgingen, und nahm damit den jüdischen Glauben in Schutz.

Fazit

Im Kreis der «Freien protestantischen Vereinigung» beschäftigte man sich von 1933 an intensiv mit dem Themenfeld Judentum – Altes Testament – Judenverfolgung. Zu diesem Kreis gehörten auch Regierungsrat Dr. Gottlieb Baumgartner, der auch das Amt des Kirchenratspräsidenten ausübte, sowie der spätere Kirchenrat Robert Sturzenegger,

54

Kirchenrat Robert Rotach und Kirchenratsschreiber Ulrich Gutersohn (Präsident der «Vereinigung» von 1929 bis Ende 1934). Auch der spätere Leiter der «Landeskirchlichen Flüchtlingshilfe», Pfarrer Richard Pestalozzi, sowie Hans Böhringer und Jakobus Weidenmann, zwei weitere profilierte St. Galler Pfarrer, beteiligten sich an diesem Vortrags- und Gesprächsgremium. In ihren Predigten und Artikeln sprachen diese Pfarrer eine überaus klare Sprache. – In den Pfarrkapiteln Rheintal-Werdenberg und Toggenburg entwickelten sich ebenfalls kleine Zirkel, in welchen diese Themen diskutiert wurden.

Die Bilanz der Jahre 1933–35 ist ambivalent. Einerseits wusste man in der St. Galler Kantonalkirche von der Judennot in Deutschland und liess sich sowohl in der Stadt wie teilweise auch in den Regionen früh und eingehend auf die Diskussion der Probleme ein.[128] Die Reflexion über das Judentum und den Stellenwert des Alten Testamentes sowie über das Verhältnis von Judentum und Christentum hatte innerhalb der christlichen Theologiegeschichte bisher eher am Rande gestanden. Es ist bemerkenswert, dass dieses Nachdenken in St. Gallen so früh begann, und zwar unter Anleitung der in dieser Sache führenden Persönlichkeiten. – Anderseits folgte dem Denkprozess zwar ein teilweise lautes Reden, aber kein Handeln. Der Kirchenrat als Ganzer jedenfalls konnte sich nicht dazu durchringen. Er fühlte sich zu diesem Zeitpunkt offensichtlich noch nicht für die «Judenchristen» oder gar die Juden verantwortlich. Doch wurde in St. Gallen durch die intensiven Debatten über die «Judenfrage» und das Alte Testament ein solider Boden gelegt, auf dem das spätere Engagement für die Flüchtlinge wachsen konnte.

DIE NÜRNBERGER GESETZE UND ERSTES HANDELN ZUGUNSTEN DER FLÜCHTLINGE

Die Nürnberger Gesetze

Im Jahr 1935 begann in Deutschland die zweite Phase der Judenverfolgung. Der Nürnberger Parteitag erliess die sogenannten «Nürnberger Gesetze», wonach die Bevölkerung in «Reichsbürger ... deutschen Blutes und übrige Staatsangehörige» eingeteilt wurde. Nur sogenannte «Arier» sollten noch das volle Bürgerrecht besitzen. Zudem wurden zum »Schutze des deutschen Blutes und der deutschen Ehre» Ehen und sexuelle Beziehungen zwischen Juden und Nichtjuden verboten. Bei bereits bestehenden «Mischehen» wurde der «arische» Partner in vielen Fällen zur Scheidung aufgefordert. Es zeigte sich bald, dass die deutschen Machthaber bei diesen Diskriminierungen nicht zwischen Juden und «Judenchristen» unterschieden nach dem Motto: «Jude bleibt Jude.» – Die «Nürnberger Gesetze» lösten eine neue Flüchtlingswelle aus. Der Bund reagierte mit verschärfter Grenzkontrolle.[129] Zur selben Zeit, 1935, wurde Karl Barth aus Deutschland hinausgedrängt. Sofort richtete man für ihn eine Professur an der Universität Basel ein. In der Schweiz kämpfte Barth an vorderster Stelle für eine menschliche Flüchtlingspolitik.[130]

Erste Kollekte für die Flüchtlinge

Wenige Monate nach dem Nürnberger Parteitag, am 31. März 1936, rief der st. gallische Kirchenrat erstmals zu einer «Kollekte für evangelische Flüchtlinge» auf.[131] Das Ergebnis war ermutigend, wie ein Vergleich der Sonderkollekten zeigt: Für die Flüchtlinge kamen Fr. 3555.86 zusammen (Das wäre heute ein Vielfaches.), für die jugendlichen Arbeitslosen Fr. 4443.62 und für das «Blaue Kreuz» Fr. 2940.32.[132] Alle Kirchgemeinden, meldet der Kirchenrat nicht ohne Genugtuung, hätten sich an der

Sammlung beteiligt. Obwohl die Wirtschaftskrise damals auf ihrem Höhepunkt angelangt war und viele Menschen, etwa im St. Galler Rheintal, persönlich davon betroffen waren, liess sich die evangelische Bevölkerung für die Flüchtlingshilfe motivieren und legte eine grosse Opferbereitschaft an den Tag. Man knüpfte damit an eine Tradition an. Im 1. Weltkrieg hatte man in der ganzen evangelischen Schweiz für die verfolgten Armenier gesammelt.

«Glaubensbrüder», so schrieb der Kirchenrat in seinem Kollektenaufruf, sähen sich als «sogenannte nichtarische Christen» gezwungen, ihre Heimat zu verlassen. Sie irrten «aller Mittel entblösst in der Welt» herum. Für evangelische Flüchtlinge zu sorgen, sei seit der Reformation Tradition der evangelischen Kirche. «Denn während für die jüdischen Flüchtlinge von den jüdischen Organisationen gut gesorgt wird, fehlt es noch an einer durchgreifenden Hilfe für die von uns genannten Kreise», argumentierte der Kirchenrat. Der Aufruf für die «nichtarischen Christen» scheint implizit die damals gängige Vorstellung zu akzeptieren, wonach Juden für jüdische, Sozialdemokraten für sozialdemokratische, Katholiken für katholische und Protestanten für evangelische Flüchtlinge aufzukommen hätten.

Die Art und Weise, wie der Kirchenrat die Kollekte – Fr. 3555.86 – verteilte, spricht aber eine andere Sprache. Der kleinere Teil, nämlich Fr. 1000.-, ging nach Genf an das soeben von Adolf Keller und Siegmund-Schultze gegründete «Internationale kirchliche Komitee für nicht-arische Flüchtlinge aus Deutschland». «Den grösseren Teil erhielt das örtliche Hilfskomitee unter der Leitung von Frau Dr. Rittmeyer in St. Gallen, das uns über die bei ihm anhängigen Fälle berichtete», heisst es im Amtsbericht, ohne nähere Angaben über dieses «Hilfskomitee» und die «anhängigen Fälle».[133] Dabei handelte es sich ohne Zweifel um das SHEK, das «Schweizerische Hilfswerk für Emigrantenkinder», das 1934 von jüdischen und christlichen

Persönlichkeiten gegründet worden war und dessen St. Galler Sektion von Dora Rittmeyer-Iselin präsidiert wurde.[134] Ziel des SHEK war es, «ohne Ansehen der Rasse, Religion, Nationalität oder politischen Zugehörigkeit den ... besonders schwer leidenden unschuldigen Kindern der Emigranten zu helfen».[135] In der Vorkriegszeit lud das SHEK Tausende von Flüchtlingskindern, die in Frankreich gestrandet waren und dort unter elenden Bedingungen lebten, zu mehrwöchigem Erholungsaufenthalt in die Schweiz ein. Zu über 80 Prozent handelte es sich dabei um jüdische oder «halbjüdische» deutsche, zu knapp 20 Prozent um russische und italienische Kinder. Die St. Galler Sektion unterstützte im ersten Vereinsjahr fünf in der Ostschweiz lebende Emigrantenfamilien mit insgesamt zehn Kindern. Ein Teil der Einnahmen der Sektion floss nach Paris zugunsten einer medizinischen Anlaufstelle für Emigrantenkinder, eines Kindertagesheims und einer Schulspeisung. 46 Kinder, «die meistens in einem erbärmlichen gesundheitlichen Zustand sind», wurden für Ferien in St. Galler Familien oder in Heimen untergebracht.[136]

Das Bemerkenswerte an der ersten Kollekte der evangelischen St. Galler Kirche zugunsten der Flüchtlinge ist also, dass sie grösstenteils jüdischen Kindern zugute kam. Der Kirchenrat scheint diese Tatsache jedoch ängstlich geheim gehalten zu haben. Offenbar fürchtete er negative Reaktionen der Spenderschaft. Immerhin verschwieg er die «nichtarischen Christen» nicht, obwohl es in gewissen Kreisen sogar ihnen gegenüber Vorbehalte gab.[137] Auch die evangelische Schaffhauser Kirche erhob 1936 eine Kollekte zugunsten der «evangelischen Flüchtlinge» – den Begriff «nichtarische Christen» nahm er nicht in den Mund. Andere Kantonalkirchen dispensierten sich ganz von der Sammlung, da es in ihrem Gebiet keine Flüchtlinge gebe.[138]

Noch etwas lässt aufhorchen: Im «Arbeitsausschuss» der Sektion St. Gallen des SHEK sassen neben der evangelischen Frau Rittmeyer acht teils jüdische, teils katholische, teils evangelische Persönlichkeiten, unter den Letzteren der

Linsebühlpfarrer Jakobus Weidenmann. Die erste Werbeschrift wurde von weiteren namhaften Persönlichkeiten unterzeichnet, so von Nationalrat Dr. Duft, Pfarrer Hans Gut, Regierungsrat Valentin Keel, Stadtammann Dr. Naegeli, Nationalrat L. Rittmeyer, Kirchenrat Pfr. Robert Rotach, Bischof Aloisius Scheiwiler sowie von Buchdrucker Henry Tschudy und Dr. med. R. Zollikofer, Chefarzt. Eine Zusammenarbeit über Partei-. Richtungs- und Konfessionsgrenzen hinweg war entstanden.[139]

Übrigens trat Bischof Scheiwiler etwa gleichzeitig wie der Kirchenrat aus der Reserve heraus. Er publizierte zwei Beiträge, in denen er «aus theologischen Überlegungen heraus» die Gleichheit der Menschen betonte und wiederholt den gemeinsamen Ursprung von Christen und Juden hervorhob. Gegen die Verfolgung «irgendeines Volkes und vorab der Juden» müsse man immer die Stimme erheben.[140] Innerhalb der Schweizer Bischofskonferenz stand Scheiwiler mit dieser Verlautbarung zu jenem Zeitpunkt ziemlich einsam da.

Die schweizerische Flüchtlingspolitik und frühe evangelische Hilfswerke

Bis zum Jahr 1936 sind nur vereinzelte Vorstösse von Schweizer Protestanten gegen die Flüchtlingspolitik des Bundes auszumachen. Allzu selbstverständlich scheint das Vertrauen in die politischen Behörden gewesen zu sein. Das sollte sich nun ändern. An dieser Stelle ist deshalb ein kurzer Überblick über die schweizerische Flüchtlingspolitik bis zum Beginn des Jahres 1938 notwendig.

Grundsätzlich gab es in der Zwischenkriegs- und Kriegszeit sowohl nach Völkerrecht als auch nach schweizerischem Gesetz zwei rechtliche Kategorien von Flüchtlingen: erstens die *Militärflüchtlinge* – übergetretene Truppenangehörige, verletzte Soldaten, Deserteure, entwichene Kriegsgefangene – und zweitens die *Zivilflüchtlinge*, zu denen in der Zeit von 1933 bis 1945 politische Oppositionelle,

Schriftsteller, Schauspieler und bildende Künstler, Juden und «Judenchristen», also Christen jüdischer Abstammung, Zigeuner, Homosexuelle sowie einzelne evangelische und katholische Geistliche und «Laien» gehörten. Die weitaus grösste Gruppe unter den Zivilflüchtlingen machten die Juden aus.

Die Behandlung der Militärpersonen durch neutrale Staaten war völkerrechtlich geregelt. Während des Krieges wurden die fremden Soldaten von der Schweiz in der Regel ohne Diskussion aufgenommen, interniert und durch den Staat betreut.

Für die Zivilflüchtlinge wurde der völkerrechtliche Schutz erst nach dem 2. Weltkrieg ausgebaut. In der Schweiz galt nach dem Machtantritt der Nationalsozialisten nur als «echter» Flüchtling, wer wegen seiner politischen Tätigkeit gefährdet war. Zwischen 1933 und 1945 wurden lediglich 644 Personen als «politische Flüchtlinge» anerkannt. Am 20. April 1933 erklärte das Eidgenössische Justiz- und Polizeidepartement in einem Kreisschreiben, «Israeliten» seien nur dann politische Flüchtlinge, «wenn sie aus politischen Gründen geflüchtet seien». An dieser engen Definition hielten die Bundesbehörden bis gegen Ende des Krieges fest.[141] «Nichtpolitische» zivile Flüchtlinge erhielten allenfalls eine kurzfristige Aufenthalts- oder eine Toleranzbewilligung zur Organisation der Weiterreise. Bei diesen Bewilligungen hatten die Kantone mindestens bis zum Sommer 1938, nach dem «Bergier-Bericht» bis 1942, einen gewissen Handlungsspielraum. Das st. gallische kantonale Polizeidepartement erliess am 15. Februar 1939 eine Verfügung, deren schärfste Bestimmungen lauteten: «Illegal eingereiste Emigranten werden unverzüglich wieder an die Grenze gestellt.» Und: «Nichtbeachtung dieser Vorschriften sowie sonstiges zu Klagen Anlass gebendes Verhalten hat für die Emigranten sofortige Ausschaffung zur Folge.»[142] (Dabei konnten jüdische Flüchtlinge zu jenem Zeitpunkt gar nicht mehr legal einreisen!) Diese Verordnung kam unter dem Druck

Berns zustande. Nach Kriegsausbruch wurde das Flüchtlingswesen zunehmend beim Bund zentralisiert.[143]

Was die Anerkennung und Behandlung ziviler Flüchtlinge betrifft, war die schweizerische und ab 1939 die st. gallische Flüchtlingspolitik also ausgesprochen restriktiv. Nach neuesten Forschungen lag der Grund weniger bei den wirtschaftlichen Problemen der Dreissigerjahre oder in deutschen Drohungen als in der «Überfremdungs»-Angst.[144] Diese Angst ergriff ab etwa 1930 nicht nur Teile der schweizerischen Bevölkerung, sondern auch massgebende politische und militärische Persönlichkeiten in Bern. Zu ihnen gehörte Dr. Heinrich Rothmund, Chef der eidgenössischen Fremdenpolizei, der 1938 über die Grundsätze der Fremdenpolizei an Bundesrat Baumann schrieb: «Die Juden galten im Verein mit den andern Ausländern als Überfremdungsfaktor. Es ist uns bis heute gelungen, durch systematische und vorsichtige Arbeit die Verjudung der Schweiz zu verhindern.»[145] Diese Äusserung mit der bedenkenlosen Verwendung des antisemitischen Begriffs der «Verjudung» war deshalb besonders grotesk, weil die Überfremdungsangst in eklatantem Widerspruch dazu stand, dass die ausländische Wohnbevölkerung seit der Zeit des 1. Weltkrieges stetig zurückgegangen war: laut «Bergier-Bericht» von 14,7 Prozent im Jahr 1910 auf 8,7 Prozent im Jahr 1930 und auf 5,2 Prozent im Jahr 1941.[146] An der Jahreswende 1937/38 hatte sich die Zahl der Flüchtlinge in der Schweiz bei zirka 5000 Personen stabilisiert.[147]

Der freisinnige St. Galler Ständerat Ernst Löpfe-Benz gehörte zu den frühen Kritikern der offiziellen Flüchtlingspolitik des Bundes. Rothmund erörterte ihm seine Politik in einem Brief mit den Worten: «Wie Sie sehen werden, sind wir doch nicht so entsetzliche Unmenschen! Aber dass wir uns nicht auf der Nase herumspazieren lassen, ganz besonders nicht von Ostjuden, die das bekanntlich immer wieder versuchen, weil ihnen der gerade Weg krumm vorkommt, darin dürfte sich unsere Auffassung wohl gänzlich mit derjenigen unseres Schweizervolkes decken.»[148] Indirekt geht aus diesem Brief hervor, dass Löpfe-Benz im Zusammenhang mit der offiziellen Flüchtlingspolitik von Unmenschlichkeit gesprochen haben muss. Wie bereits oben erwähnt, war Löpfe-Benz evangelisch und bis 1938 Mitglied der Synode, also engagierter Kirchgenosse. Zudem war er der Herausgeber der in der ganzen Deutschen Schweiz verbreiteten satirischen Zeitschrift «Nebelspalter», in welcher der Rassismus und die Judenverfolgung sowie der staatliche Totalitarismus in Deutschland, Italien und in der Sowjetunion unerschrocken gegeisselt wurden. Wie einer seiner engstenen Mitarbeiter erzählt, ging seine Vorurteilslosigkeit gegenüber den Juden Hand in Hand mit seiner Offenheit gegenüber der römisch-katholischen Kirche.[149]

In Carl Böckli hatte Löpfe-Benz ein hervorragendes Doppeltalent für seine Zeitschrift gewinnen können. Die mit «Bö» signierten Karikaturen und Texte sind legendär geworden. – Der Nebelspalter des Gespanns «Bö» und Löpfe-Benz veröffentlichte über 80 Karikaturen zum Thema Rassendoktrin und Antisemitismus. Auf einer davon aus dem Jahr 1937 – kurz zuvor hatte sich Deutschland mit Japan verbündet – wird Fausts Gretchen von einem deutschen Gericht wegen «artfremder» Beziehungen zu einem Asiaten verurteilt.[150]

Der schweizerische Staat betrachtete die Betreuung der zivilen Flüchtlinge als Aufgabe von einzelnen Bürgern und von sozialen Werken. (Dabei ist zu bedenken, dass der Sozialstaat in jener Zeit generell noch wenig ausgebaut war; es existierte noch keine AHV und auch keine obligatorische Kranken- und Arbeitslosenversicherung. Der Staat überliess auch hier Privaten die Sorge.) Während der ganzen Dauer des Dritten Reiches kümmerten sich in der Schweiz deshalb hauptsächlich private Hilfswerke um die Aufnahme und Betreuung und Finanzierung der zivilen Flüchtlinge. Ein Grossteil dieser Arbeit geschah ehrenamtlich. Gleich nach der Machtübernahme durch Adolf Hitler hatten sowohl die Sozialdemokraten als auch der «Schweizerische Israelitische Gemeindebund» eine Flüchtlingshilfe eingerichtet.

Im Jahr 1936 gründeten die bernische und die zürcherische Landeskirche die ersten evangelischen Flüchtlingshilfestellen der Schweiz.[151] Am 17. Juni desselben Jahres schlossen sich die meisten der bereits bestehenden weltlichen und konfessionellen Hilfswerke zur «Schweizerischen Zentralstelle für Flüchtlingshilfe» zusammen. Sie mussten sich in «zähen Verhandlungen» mit Dr. Heinrich Rothmund verpflichten, die Flüchtlinge über das Verbot der beruflichen Tätigkeit und das fehlende Recht auf einen längeren Aufenthalt in der Schweiz zu informieren.[152] – Wenn der St. Galler Kirchenrat in seinem ersten Kollektenaufruf von 1936 schrieb: «Heute können wir leider den Heimatlosen keine neue Heimat bieten, da es an der nötigen Arbeitsgelegenheit bei uns fehlt», so passte er sich, wenn auch unter Bedauern, den Vorgaben aus Bern an.

DER «ANSCHLUSS» ÖSTERREICHS UND DIE «REICHSKRISTALLNACHT»

Der «Anschluss» Österreichs

Das Jahr 1938 brachte mit dem Einmarsch der Deutschen in Österreich Mitte März und mit der «Reichskristallnacht» im November eine wesentliche Verschärfung der nationalsozialistischen Judenpolitik. Die dritte Verfolgungsphase begann.

In Wien lebten etwa 150'000 Juden. Sofort nach dem «Anschluss» im März 1938 setzten Pogrome ein. Stefan Keller schreibt in «Grüningers Fall»: «Karl Haber zum Beispiel, ein neunzehnjähriger Handelsangestellter, der später in die Schweiz fliehen wird, muss zusammen mit seinem Vater, zusammen mit vielen, auf der Strasse politische Parolen wegschrubben, Zahnbürsten und ähnliche Werkzeuge sollen sie benutzen; die Umstehenden johlen.

Vor dem Lebensmittelladen des Vaters steht ein Posten mit Schild: ‹Arier kauft nicht bei Juden!› Der Vater ist bürgerlich und patriotisch, er hat im Ersten Weltkrieg gekämpft, er wird in Auschwitz umkommen.»[153]

In den nächsten Monaten kam es zur Konfiskation jüdischen Eigentums und zu Wohnungskündigungen. Ein Flüchtlingsstrom bisher nicht gekannten Ausmasses ergoss sich Richtung Schweiz. Wichtigste Einreiseorte waren die beiden St. Galler Grenzorte Buchs und St. Margrethen. Die ersten Flüchtlinge, drei- bis viertausend an der Zahl, reisten legal in die Schweiz ein. Sie waren oft völlig mittellos. In der Schweiz galten sie – wie bereits ausgeführt – nicht als politische Flüchtlinge. Die Caritas, welcher von der katholischen Kirche die Flüchtlingshilfe überantwortet worden war, richtete in Heerbrugg eine Hilfsstelle ein und betreute etwa tausend katholische Flüchtlinge, darunter viele «Judenchristen» und auch eine Anzahl Jüdinnen und Juden.[154]

Am 28. März verhängte der Schweizer Bundesrat die Visumspflicht für ehemalige Österreicher mit österreichischem Pass. An die Grenzübergangsstellen erging die Weisung, alle Personen zurückzuschicken, die über kein gültiges Visum verfügten. An der St. Galler Grenze gab es allerdings fast keine Rückweisungen. Zwischen Frühling und Sommer 1938 erhöhte sich die Zahl der nicht anerkannten Flüchtlinge im Kanton vorübergehend auf gegen tausend Personen. Politische Flüchtlinge gab es Ende 1938 hingegen nur achtzehn. Ein grosser Teil der jüdischen Flüchtlinge reiste unverzüglich in Drittländer weiter.

Nachdem den Juden in Wien im Juli 1938 per Dekret jegliche Tätigkeit in Handel und Industrie untersagt worden war, begann die zweite grosse Massenflucht. Auch wurden viele Jüdinnen und Juden gegen ihren Willen abgeschoben. Die Tschechoslowakei, Ungarn und Polen sowie Italien, Frankreich, Belgien und Schweden begannen die Einreise von Juden zu erschweren. Die harte Flüchtlingspolitik der europäischen Staaten und der USA wurde durch das Scheitern der internationalen Flüchtlingskonferenz vom Juli 1938 in Evian besiegelt. Als Folge stieg die Zahl der illegal in die Schweiz Einreisenden rasch an. Allein in der Nacht vom 28. auf den 29. Juli sollen 1200 Flüchtende den Alten Rhein bei Diepoldsau durchwatet haben.[155]

Paul Grüninger

In Bern war man durch diese Zahlen alarmiert. Auf den 17. August 1938 wurde eine Konferenz der kantonalen Justiz- und Polizeidirektoren nach Bern einberufen. Der st. gallische Polizeihauptmann Paul Grüninger, der den zuständigen Regierungsrat, Valentin Keel, an die Konferenz begleitete, warb um Verständnis für die Flüchtenden: «Rückweisung? Wie, wenn 50 miteinander kommen? Geht schon vom menschlichen Standpunkt aus nicht. Herzbewegende Szenen! Allerdings gibt es viele, die sich polit. Flüchtlinge nennen. Wir müssen viele hereinlassen.»[156] Aber dieses Votum scheint ungehört verhallt zu sein: Am 19. August verfügte der Bundesrat die Verstärkung der Grenzkontrolle und die Rückweisung all jener, welche die Schweizer Grenze illegal zu überschreiten versuchten.[157] Zudem führten monatelange Verhandlungen zwischen schweizerischen und deutschen Stellen im Herbst 1938 zur Einführung des berüchtigten J-Stempels auf deutschen Pässen. Spätestens von diesem Moment an war es für Jüdinnen und Juden fast aussichtslos, legal in die Schweiz zu gelangen. «Solche Dinge schreien zu Gott», schrieb Leonhard Ragaz in seiner Zeitschrift «Neue Wege».[158] Der st. gallische Polizeihauptmann Paul Grüninger (1891–1972) rettete mindestens einigen hundert Menschen das Leben, die nach dem 19. August 1938 in die Schweiz zu gelangen trachteten.[159] Ein Beispiel: Am 1. Oktober 1938 erschien der Flüchtling Karl Adolf Werner aus Wien an der Grenze. Er erhielt den Hinweis, sich zu einer bestimmten Uhrzeit am Grenzposten in St. Margrethen einzufinden. Dort liess man ihn durch, und er fuhr nach St. Gallen zum

Polizeihauptmann. Werner gab in einem späteren Verhör zu Protokoll: «Hr. Hauptmann Grüninger rief Hr. Dreifuss von der Israelitischen Flüchtlingshilfe telephonisch an und ersuchte ihn, sofort vorbeizukommen, was dann auch geschah. Anlässlich der Besprechung, die folgte, erklärte Hr. Polizeihptm. Grüninger, das Datum meiner Einreise werde auf den August (d. h. vor den 19. August) vorgeschoben ...» Die Manipulation wurde dann auf Weisung Grüningers von Dreifuss vorgenommen.[160] Grüninger handelte mit Duldung oder sogar mit dem Einverständnis seines Vorgesetzten Valentin Keel.

Spätestens im November 1938 erkannte Grüninger, dass er mit diesen Rettungen seine Existenz aufs Spiel setzte.[161] Besonders schwierig wurde es für ihn, als einer seiner Untergebenen, der «Landjäger»[162] Karl Zweifel, bei einer Fluchthilfeaktion zu Gunsten zweier Jüdinnen in Bregenz mit seinem «Kraftwagen» in eine deutsche Polizeikontrolle geriet.[163] Weil ein Schweizer Polizeibeamter daran beteiligt war, gelangte dieser Fall von Fluchthilfe bis zu den höchsten deutschen Amtsstellen in Berlin, welche auf dem Weg über die deutsche Gesandtschaft in Bern bei den eidgenössischen Behörden intervenierten.[164] Weil Bern in St. Gallen nachfragte, beantragte Grüninger, eine Strafuntersuchung gegen Karl Zweifel und dessen Kollegen Christian Dutler, denen er in einem Brief vom 24. Dezember an Landammann Valentin Keel vorwarf, «gegen Entgelt Emigrantentransporte begünstigt» zu haben.[165] Beide «Landjäger» wurden fristlos entlassen. Man warf ihnen «Dienstverletzung» und «Verfehlungen» vor. Sie hätten in strafbarer Weise und unter Erstellung und Verwendung fälschlich erstellter Passagierscheine den unerlaubten Grenzübertritt von Ausländern begünstigt und bewirkt.[166] Christian Dutler, der Zweifel in Bregenz abgeholt hatte, wurde verhaftet und sass während sieben Wochen in Buchs in Untersuchungshaft. Vor dem Bezirksgericht Werdenberg bestritt er nicht, Dutzende von – vor allem sozialdemokratischen – Flüchtlingen in die Schweiz gelotst zu haben. (Nach Aussage des Sohnes Dutlers war der Vater damals oft nächtelang nicht zu Hause.) Er berief sich aber auf seinen Parteigenossen Dr. Werner Stocker, den Zentralsekretär der SP Schweiz und Leiter der «Schweizerischen (sozialdemokratischen) Flüchtlingshilfe», der ihn des stillschweigenden Einverständnisses von Regierungsrat Keel versichert habe. Das Bezirksgericht erwog daraufhin, auch Keel und Grüninger in die Untersuchung einzubeziehen.[167]

Valentin Keel, der als erster sozialdemokratischer Regierungsrat des Kantons ohnehin stark exponiert war, fürchtete jetzt offensichtlich um seine eigene Stellung[168] und suspendierte am 3. April 1939 den – freisinnigen – Polizeihauptmann. Keel versuchte, Grüninger den Eintritt in eine psychiatrische Klinik schmackhaft zu machen, vielleicht, um den Abgang plausibel und für Grüninger «schmerzloser» zu machen. Doch Grüninger wehrte sich gegen diese «Lösung». Kurz darauf entliess ihn der Regierungsrat fristlos. Grüninger bekam keine Pension.

Die drei grossen St. Galler Tageszeitungen[169] publizierten ohne Kommentar die knappe regierungsrätliche Bekanntmachung, wonach es sich bei den Vergehen des Hauptmanns «im wesentlichen um Amtspflichtverletzung und Anstiftung zur Urkundenfälschung» handle. Die Delikte stünden im Zusammenhang mit der Einreise von «Emigranten». Keel blieb ungeschoren, nachdem er geltend gemacht hatte, nur in wenigen begründeten Fällen die Einreise von Emigranten erlaubt zu haben. Der St. Galler Historiker und engagierte Kirchenmann Ernst Ehrenzeller berichtet, die Öffentlichkeit habe damals nur gewusst, dass Grüninger «seine Dienstpflicht verletzt» habe.[170]

In den kirchenrätlichen Protokollen erscheint der Name Grüninger kein einziges Mal. Kirchenratspräsident und Regierungsrat Dr. Karl Kobelt liess, als im Regierungsrat über Grüninger debattiert wurde, möglicherweise im entschuldigenden Sinn, die Bemerkung fallen: «Er ist (ein) absolut unmilitärischer Typ.»[171] Wie Grüningers Tochter berichtet, sass Kobelt als Schuljunge einige Jahre lang in derselben Klasse im Grabenschulhaus wie Grüninger.[172] Im Kirchenrat wahrte Kobelt Stillschweigen über die Hintergründe der Entlassung, wozu er als Regierungsrat verpflichtet war. Die übrigen Kirchenräte scheinen nicht auf die Idee gekommen zu sein, Fragen zu stellen.

Grüninger kommt im Rahmen dieser Studie nicht nur wegen seiner persönlichen Bekanntschaft mit Kobelt zur Sprache, sondern auch, weil er – Sohn eines Katholiken und einer Protestantin – eine evangelische Erziehung genossen hatte und mit einer Protestantin verheiratet war. Wie seine Tochter erzählt, ging er gelegentlich in St. Laurenzen bei Pfarrer Gut oder Kirchenrat Rotach «zur Predigt», bei der Judenrettung habe er sich aber einfach «*von seinem Gewissen leiten lassen*». Kein Pfarrer habe sich um ihren Vater gekümmert, als er abgesetzt und samt seiner Familie aus der Amtswohnung in der «Moosburg» ausgewiesen wurde.[173]

Im Rheintal, bei den Grosseltern, fand die Familie Unterschlupf. Grüninger gelang es nie mehr, eine feste Stellung zu bekleiden. In seinem angestammten Beruf als Lehrer konnte er nicht mehr arbeiten, da ihm eine Beamtenstelle ausdrücklich verboten war. Die Familie musste sich kümmerlich durch das Leben schlagen. Doch Grüninger ertrug sein Schicksal ohne Groll im Bewusstsein, auf seine innere Stimme gehört zu haben. Die Tochter musste aus Geldmangel die Handelsmaturaschule in Lausanne abbrechen. Zum Glück fand sie eine Stelle als Sekretärin bei der Firma Sternbuch. Die jüdische Familie Sternbuch nahm zahlreiche Flüchtlinge in ihrem Haus in St. Gallen auf.[174] – Später wechselte Grüninger einige Briefe mit Flüchtlingspfarrer Paul Vogt. Auch zu Botschafter Carl Lutz, der gegen Ende des Krieges Zehntausende von ungarischen Juden vor dem sicheren Tod rettete, bestanden Kontakte. Grüninger wurde zu Lebzeiten nicht rehabilitiert.[175]

Im Gegensatz zu Grüninger war Christian Dutler nach seiner Entlassung tief verbittert. Er habe es nie verwunden, dass ihn eigene Parteifreunde hätten fallen lassen, sagt sein Sohn. Damit hängt zusammen, dass er sich nach dem Krieg der Partei der Arbeit (PdA) zuwandte. «Überall habe ich helfen können und die Kastanien aus dem Feuer holen, wenn es schwierig war, und jetzt will mir niemand helfen, da ich durch meine Güte in Not gekommen bin.»[176] Mit etwas Obsthandel und der Wäscherei der Mutter hielt sich die siebenköpfige Familie mehr schlecht als recht über Wasser. Dutler, der aus einer frommen evangelischen Seveler Schifflisticker-Familie stammte, habe einen ausgeprägten Gerechtigkeitssinn gehabt und sich in späteren Jahren als autodidaktischer Rechtsberater mehrfach praktisch unentgeltlich um benachteiligte Personen gekümmert.

Zerstörte Freundschaften und tragische Schicksale von Fluchthelfern und deren Familien waren also eine zusätzliche bittere Konsequenz der offiziellen Flüchtlingspolitik der Schweiz.

Vorstoss Sturzeneggers im Kirchenrat

Die Not der evangelischen Flüchtlinge im allgemeinen und derjenigen «nichtarischer» Abstammung insbesondere habe ihn *wiederholt* beschäftigt, schreibt der Kirchenrat im Amtsbericht über das Jahr 1938. Er habe «an kompetenter Stelle sein Wort für eine weitherzige Gewährung des Asylrechtes geltend» gemacht.[177]

Im Protokoll der kirchenrätlichen Sitzung vom 31. August 1938, die kurz nach der Grenzschliessung stattfand und die der im Amtsbericht erwähnten Intervention beim Regierungsrat voranging, steht zu lesen: «Kirchenrat Sturzenegger bringt das traurige Los der jüdischen Flüchtlinge aus Grossdeutschland zur Sprache und wünscht, der Kirchenrat möge sich an den Regierungsrat des Kantons mit der Bitte wenden, die Bestimmungen über die Schliessung der Grenze gegenüber diesen Menschen nach Möglichkeit zu lockern, resp. milde anzuwenden. Es folgt eine längere Aussprache über diese brennende Frage, die sowohl den

Willen zur Hilfe als auch die erschwerenden Umstände aufweist. Der Präsident übernimmt die Aufgabe, die Sache im Sinn der Aussprache im Regierungsrat vorzubringen, Pfarrer Etter wird sich in der gleichen Sache mit Professor Dr. Adolf Keller in Genf als Mittelpunkt der kirchlichen Hilfsaktionen und Sekretär des Kirchenbundes in Verbindung setzen.»[178]

Der wenige Wochen zuvor zum Kirchenrat gewählte Robert Sturzenegger, von dem der Anstoss zur kirchenrätlichen Debatte ausging, sprach bemerkenswerter Weise ausdrücklich von «jüdischen» Flüchtlingen. Im kirchenrätlichen Protokoll werden die Namen der Votanten – wie üblich – nicht genannt. Bestimmt unterstützten die Kirchenräte Etter und Rotach Sturzeneggers Initiative. Die wertende Formulierung «brennende Frage» geht auf das Konto von Kirchenratsschreiber Gutersohn. Die «erschwerenden Umstände» wird wohl Karl Kobelt in die Diskussion eingebracht haben, der die Bedenken in der kantonalen Behörde ahnte. Trotzdem stellte er sich zur Verfügung, den Willen des Kirchenrates im Regierungsrat zu vertreten. – In der Zeit bis zur nächsten Sitzung inspizierte Kirchenrat Etter das Lager in Diepoldsau, wo die Flüchtlinge zunächst gesammelt wurden, und nahm auch Kontakt mit Sidney Dreifuss auf.

Im Protokoll der nächsten Kirchenratssitzung steht: «Präsident Dr. Kobelt vertrat den Wunsch des Kirchenrates in der Regierung, stiess aber auf starken Widerstand von konservativer Seite, so dass nichts auszurichten war. Auch die schweizerischen Juden verhalten sich reserviert, da sie bei starker Zunahme der Flüchtlinge das Aufkommen antisemitischer Strömungen in der Schweiz befürchten. ... Kirchenrat A. Kuhn möchte die Flüchtlinge über 60 Jahren mild behandelt wissen, die keine neue Existenz mehr gründen können. Ein Beschluss kann nicht gefasst werden.»[179]

Aus den stenografischen Aufzeichnungen[180] der hier zur Diskussion stehenden Regierungsratssitzung vom 6. September 1938 geht hervor, dass die Behörde in der Frage der

Flüchtlinge gespalten war und ein Streit entstand. Man warf sich gegenseitig die Schimpfwörter «Antisemitismus» und «Humanitätsduselei» an den Kopf. Karl Kobelt sagte, «rein menschlich» sei es «etwas Furchtbares», die jüdischen Flüchtlinge seien «doch Menschen». Das Asylrecht gebe unserem Land «ein grosses Ansehen». Die Situation sei allerdings delikat. Ähnlich äusserten sich Valentin Keel und Kobelts Parteikollege Adolf Roemer. Der zuletzt Genannte wies darauf hin, dass man «wegen dieser tausend Juden» eine «grosse Sache» mache, während sich niemand über die russischen Emigranten, die man seit Jahren durchhalte, aufrege. Es bestehe keine Notlage.

Die Gegner[181] einer weitherzigeren Aufnahme meinten, man hätte es nicht so weit kommen lassen dürfen. Sie brachten eine ganze Reihe von Gründen vor, weshalb es gefährlich sei, weiteren jüdischen Flüchtlingen die Einreise zu gewähren. Es gebe «höhere Gesichtspunkte», und man müsse für die Schweiz selber sorgen. Man müsse mit der Stimmung in weiten Volkskreisen rechnen. Und wer denn die zu erwartenden Kosten übernehme? Es bestehe die Gefahr, dass Schweizern Arbeitsplätze weggenommen würden. Es gebe Emigranten, die sich «skandalös» benähmen. Im «Tivoli» (einem Nachtlokal) gebe es eine «trübe Emigrantenwelle». Also bestehe «eine Gefahr für unsere Jugend». Teilweise seien die Juden am Antisemitismus selber schuld. Ein Regierungsrat sprach sogar von «Judenherrschaft», unter der viele Gebiete «schwer gelitten» hätten. Die evangelische Kirche selbst sei möglicherweise von jüdischen Kreisen beeinflusst. – Die Auseinandersetzung wurde nicht ins offizielle regierungsrätliche Protokoll aufgenommen.

Karl Kobelt musste erkennen, dass das kirchenrätliche Anliegen im Regierungsrat nicht mehrheitsfähig war. Als er Ende 1940 zum Bundesrat gewählt wurde und als Kirchenratspräsident zurücktrat, attestierte ihm der Kirchenrat «Vornehmheit und Einsicht»[182]. Der Kirchenrat kam wohl zum Schluss, es habe keinen Sinn, abermals beim Regierungsrat zu intervenieren. Erst 1943 gelangte er wegen der Flüchtlinge wieder an die Kantonsregierung.

Robert Sturzenegger, ein profilierter «Laie»

Robert Sturzeneggers (1883–1961) kirchliches Engagement war ausserordentlich, auch abgesehen von seinem Einstehen für die Juden. Von 1918 bis 1923 wirkte er als Präsident in der Kirchgemeinde Straubenzell und berief als solcher den jungen Theologen und engen Barth-Freund Eduard Thurneysen als Gemeindepfarrer. Mit ihm verband ihn eine Duz-Freundschaft, was damals noch Seltenheitswert hatte. Auch Thurneysens Nachfolger, Hermann Kutter junior, war er freundschaftlich verbunden. Nach seinem Umzug ins Tablat wurde Sturzenegger 1928 Präsident dieser Kirchgemeinde. Er blieb es bis 1950. Mit Richard Pestalozzi, dem Pfarrer des Kirchkreises St. Fiden, verstand er sich ausgezeichnet, zudem bestanden zu ihm familiäre Bande.[183] Als Pestalozzi Leiter der «Landeskirchlichen Flüchtlingshilfe» wurde, bewährte sich Sturzenegger als seine verlässlichste Stütze. – 1938 wurde Sturzenegger Kirchenrat und 1941 Vorstandsmitglied des Schweizerischen Evangelischen Kirchenbundes (SEK). Nach dem Krieg schuf er gemeinsam mit Pfarrer Ernst Frick von Zürich und Pfarrer Armand Boll von Neuenburg das HEKS (Hilfswerk der Evangelischen Kirchen der Schweiz). Über dreissig Jahre lang stellte Sturzenegger der Kirche uneigennützig einen grossen Teil seiner Arbeitskraft zur Verfügung. Er war es auch, der den informativen Visitationsbericht 1943/44 verfasste.

Nach Aussage seines Sohnes war Sturzenegger theologisch sehr interessiert.[184] Er verstand sich als «Positiver» und war deshalb dem kirchenpolitisch ähnlich denkenden Kirchenrat Robert Rotach sehr verbunden.[185] Oft las er in Barths Dogmatik und kannte den Theologen auch persönlich. Mit dem zweiten Tablater Gemeindepfarrer, Hans Böhringer, teilte er sein hartnäckiges Eintreten für die

Flüchtlinge.[186] Mut und Toleranz zeichneten ihn aus, das
Letztere nicht nur in religiöser und kirchenpolitischer,
sondern auch in politischer Hinsicht. Die damaligen theologischen Richtungskämpfe waren ihm ein Greuel, einer
politischen Partei trat er bewusst nicht bei. Vielleicht
wurde er gerade deshalb von vielen Pfarrern der Kantonalkirche so hoch geschätzt. Er konnte zuhören und war ausgesprochen kommunikativ. Bei Konflikten in Kirchgemeinden wurde er oft als Vermittler zugezogen.

Als Berufsbezeichnung Sturzeneggers figuriert meist ein
bescheidenes «Kaufmann», doch war er Mitinhaber der St.
Galler Textilfirma Sturzenegger&Tanner. Die beiden Kirchenräte Emil Tobler-Barry aus Thal und «Oberst» Albert
Kuhn aus Degersheim waren ebenfalls Textilunternehmer,
ebenso der in St. Gallen ansässige Saly Mayer, der in kritischer Zeit Präsident des «Schweizerischen Israelitischen
Gemeindebundes» (SIG) war. Die vier Berufskollegen ver-
kehrten, wie Sturzeneggers Sohn sich erinnert, freundschaftlich miteinander. – Als Textilunternehmer begab sich
Sturzenegger oft auf Geschäftsreisen nach Frankreich,
Deutschland, Holland und bis zum Ausbruch der Weltwirtschaftskrise 1929 auch Dutzende von Malen nach
New York, wo sich eine Niederlassung seiner Firma befand. Er war eine ausgesprochen weltläufige und weltof-
fene Persönlichkeit. Während des Krieges beherbergte die
Familie Sturzenegger während über zwei Jahren einen jüdischen Jungen.[187]

Ärgernis «Arierausweis»

In der Vorkriegszeit gaben die sogenannten «Arierausweise» (bzw. «Ariernachweise») in verschiedenen Kantonalkirchen zu reden. Am 9. September 1938 richtete der
evangelische Rechtsanwalt und Richter Dr. Oskar Lutz
(1892-1979) aus St. Gallen einen Brief an den Kirchenrat,
in dem er seinem Erstaunen Ausdruck gab, dass evangelische Pfarrer willfährig sogenannte «Arierausweise» aus-

stellten. Das widerspreche der schweizerischen Rechtsordnung. Der «Arierausweis» ist «als Mittel zum Zwecke der Judenverfolgung unsittlich und widerspricht auch ... christlichen Grundsätzen», lautet der Kernsatz des Schreibens. Lutz erinnerte den Kirchenrat an das Pauluswort in Gal 3,28: «Hier ist weder Jude noch Grieche ...» Er bat ihn, die Ausstellung von «Arierausweisen» zu verbieten. – Der Kirchenrat antwortete umgehend, ein Verbot sei nicht nötig. Die Pfarrämter würden keine deutschen «Arierausweise» ausstellen, sondern bestätigten nur die vollzogene Taufe, wie das die Kirchenordnung vorsehe. Eine Verweigerung brächte die Gesuchsteller in arge Bedrängnis.[188] – Wenige Wochen später unterbreitete das Pfarramt Stein dem Kirchenrat jedoch einen «Ahnenpass». Jetzt allerdings wies der Kirchenrat die Pfarrämter an, keine solchen staatlichen deutschen Papiere, sondern nur die kirchlichen Taufformulare auszufüllen.[189] Zum Handlanger der deutschen Rassenpolitik wollte er sich keinesfalls machen lassen. Er gelangte in dieser Sache an das deutsche Konsulat. Dieses meldete, es habe unterdessen die Ausstellung von «Ahnenpässen» zwecks Nachweises «arischer Abstammung» ganz an sich gezogen, womit die Kirche nicht mehr direkt mit dieser Problematik zu tun hatte.[190]

Die Reichskristallnacht

In der sogenannten «Reichskristallnacht» erfuhr die Judenverfolgung in Deutschland eine dramatische Steigerung. In den Nächten vom 9. bis 11. November 1938 wurden Hunderte von Synagogen angezündet. 30'000 Juden männlichen Geschlechts wurden verhaftet und in Konzentrationslager übergeführt, Dutzende ermordet. «Nichtarische» Kinder wurden aus den öffentlichen Schulen ausgeschlossen. Arbeitsmöglichkeiten für die Erwachsenen gab es kaum mehr. Die Schaufenster jüdischer Geschäfte wurden systematisch zertrümmert, die Strassen waren derart dicht mit Scherben übersät, dass der Pogrom unter dem Begriff

«Reichskristallnacht» in die Geschichte einging. Im Büro von Probst Grüber, einem bekenntniskirchlichen Pfarrer, der sich gezielt um die Opfer der Ausschreitungen kümmerte, fanden sich täglich über 150 «Judenchristen» ein, die «einfach am Ende» waren.[191]

Eine der deutlichsten Stimmen zur «Reichskristallnacht» war diejenige des Tablater Pfarrers Richard Pestalozzi. Unter dem Titel «Das Recht Gottes» schrieb er: «Voll innerer Empörung müssen wir mitansehen, wie sie ehr- und rechtlos gemacht werden, nur weil sie einer nach der neuesten Theorie verachteten Rasse angehören. Ihres Vermögens beraubt, ihres Lebens nicht mehr sicher, verachtet und verfemt, müssen viele von ihnen die Flucht ergreifen, ins Elend hinaus, in eine dunkle Zukunft hinein. Das ist etwas vom Ärgsten, was Menschen treffen kann. ... Alle Unmenschlichkeiten und Grausamkeiten sollen durch den Grundsatz gedeckt werden: ‹Recht ist, was dem Staate nützt›.» Diesem fragwürdigen Rechtsverständnis setzte Pestalozzi das «Recht Gottes» entgegen, das er auf den knappen Nenner «wahre Menschlichkeit» brachte.[192]

Betroffenheit des Kirchenrates

Als Folge der schrecklichen Ereignisse in Österreich und Deutschland und im Bewusstsein, dass in der «heutigen Situation auf uns Christen eine besondere Verantwortung» liege, rief der Kirchenrat am 18. Januar 1939 die Kirchgemeinden erneut zu einer Kollekte für evangelische «nichtarische» Verfolgte auf. Der Erlass wurde auch der evangelischen Presse zur Publikation zugestellt. Sein wichtigster Abschnitt lautet: «So können und dürfen wir nicht anders, als dass wir die Verfolgung von Menschen um ihres Glaubens und ihrer Abstammung willen in aller Schärfe verurteilen. Das allein genügt aber nicht. Zugleich sollen wir uns der Verfolgten in unserer Fürbitte und mit tatkräftiger Hilfe annehmen.»[193] Die Erklärung des Kirchenrates ist von höchster Bedeutung. Entschiedener als 1936 nahm er Stellung zugunsten der «um ihrer Abstammung willen» Verfolgten.

Laut Sitzungsprotokoll war es dem Kirchenrat ein Anliegen, dass im Erlass die «nichtarischen» Flüchtlinge besonders hervorgehoben und auf das ihnen widerfahrene Unrecht deutlich hingewiesen wurde, was denn auch der Fall war.[194] Er rüttelte allerdings nicht an der offiziellen behördlichen Devise, wonach die Flüchtlinge die Schweiz möglichst rasch wieder zu verlassen hatten. Ähnlich wie schon 1936 schrieb er, die Schweiz komme angesichts der eigenen wirtschaftlichen Schwierigkeiten leider nur als Durchgangsland in Frage. Man könne aber «unendlich viel Gutes wirken», wenn man durch Aufbringung von Mitteln die Ausreise erleichtere.[195]

Die Kollekte von Anfang 1939 ergab die schöne Summe von Fr. 6712.34, fast doppelt soviel wie 1936.[196] Die an einem gewöhnlichen Sonntag für die Flüchtlinge erhobene Kollekte lässt auf eine wohlwollende Haltung vieler Gottesdienstbesucher den Flüchtlingen gegenüber schliessen. Von der Flüchtlingskollekte erhielt das kantonale «Hilfskomitee unter Frau Nationalrat Dr. Rittmeyer, da seine Mittel erschöpft waren», Fr. 1000.-. Ein Drittel des Restes ging an das «Schweizerische kirchliche Hilfskomitee für evangelische Flüchtlinge», das 1938 unter Federführung des «Schweizerischen Evangelischen Kirchenbundes» entstanden war. Das «Hilfskomitee» stand unter der Leitung Adolf Kellers. Die bereits bestehenden landeskirchlichen Flüchtlingshilfen sowie das SEHBKD von Paul Vogt schlossen sich der evangelischen Dachorganisation an.

Der Rest der st. gallischen Kollekte von knapp Fr. 4000.- ging an die st. gallische «Landeskirchliche Flüchtlingshilfe». Diese wurde im Sommer 1939, kurz vor Kriegsbeginn, ins Leben gerufen, und zwar als Zweig des SEHBKD, dem unterdessen eine Fürsorgekommission zugunsten der Flüchtlinge angegliedert worden war. Auf persönlichen Wunsch von Pfarrer Paul Vogt übernahm Richard Pestalozzi die Leitung der st. gallischen Flüchtlingshilfe. Pfarrer

Pestalozzi lieferte Ende 1940 den ersten Bericht über seine Tätigkeit ab (vgl. unten). Kaum im neuen Amt, folgte er dem Ruf in die Leitung des «Schweizerischen kirchlichen Hilfskomitees» und übernahm einige Jahre später das interimistische Präsidium.

Erste Debatte in der Synode (1939)

An der ordentlichen Synode vom 19. Juni 1939 wurde die Flüchtlingsfrage erstmals thematisiert. Prof. Dr. Adolf Keller aus Genf nahm an der Synode teil. Doch nicht er löste den Beginn der Aussprache aus, sondern der Lütisburger Pfarrer Ulrich Lütscher. Im Geschäftsteil der Synode stellte dieser die Frage, ob nicht noch mehr für die evangelischen Flüchtlinge geschehen könnte, und bemerkte kritisch: «Es sind Möglichkeiten nicht ausgenutzt worden, weil die staatlichen Organe hindernd in den Weg traten. Die Synode hat das Recht, vom Staate wenigstens ein Minimum an Barmherzigkeit zu verlangen.»[197] Kirchenratspräsident und Regierungsrat Kobelt antwortete leicht irritiert, die Schwierigkeiten seien gross, die Mittel bescheiden, die Kompetenzen lägen beim Bund. «Der Kirchenrat wird tun, was er kann.»[198]

Auf ausdrücklichen Wunsch mehrerer Synodalen orientierte Adolf Keller im Anschluss an den geschäftlichen Teil über seine Flüchtlingsarbeit, in der er auf schweizerischer, europäischer und weltweiter Ebene an vorderster Stelle beteiligt war. Die Arbeit sei schwierig, berichtete er, da sich immer mehr Länder den Flüchtlingen verschlössen. Die Schweiz komme nur als Transitland in Frage. Die Suche nach einem aufnehmenden Land bringe in jedem einzelnen Fall viel Arbeit und hohe Kosten mit sich. Der Kirchenbund habe beschlossen, ein weiteres Mal im Bundeshaus vorstellig zu werden, um eine Milderung der Bestimmungen zu erreichen.[199] Keller warb für Patenschaften zugunsten der Flüchtlinge. Pfarrer Karrer von Buchen regte die Übernahme solcher Patenschaften durch die St.

Galler Kirche an.[200] Später sprach sich der Kirchenrat dagegen aus, da die Gegenwart so viele Appelle an die Hilfsbereitschaft der Bevölkerung mit sich bringe, dass sich eine gewisse Zurückhaltung als notwendig erweise.[201]

FAZIT

Überblickt man das Kapitel 3, so ist die lange Anlaufzeit, bis die Kirchenleitung in der Flüchtlingsfrage zu handeln begann, nicht zu übersehen. Hingegen wurden die «Judenfrage» und die Bedeutung des Alten Testamentes für das Christentum in verschiedenen kirchlichen Gremien und Diskussionszirkeln schon sehr früh thematisiert. Die Übergriffe auf die Juden in Deutschland erregten Mitgefühl und Besorgnis. Vertreter des modernen Antisemitismus gab es unter den Pfarrern höchstens vereinzelte. Einige evangelische Persönlichkeiten, Theologen und Nichttheologen, erhoben von Anfang an klar und vorbehaltlos ihre Stimme gegen den Antisemitismus und für die Verfolgten.

Die rassistischen «Nürnberger Gesetze» von 1935 öffneten dem Kirchenrat die Augen für die ernsthafte Gefährdung der «Judenchristen» und der Juden. Er erhob eine erste Kollekte für die «nichtarischen christlichen» Flüchtlinge, die aber auch «nichtchristlichen» jüdischen Kindern zugute kam. Dass nach den schweren Pogromen des Jahres 1938 Handlungsbedarf bestand, scheint für den Kirchenrat selbstverständlich gewesen zu sein. Hervorzuheben ist, dass er im Kollektenaufruf von 1939 die Verfolgung aus «Rassegründen» scharf kritisierte und erneut nicht nur «Judenchristen», sondern auch Juden unterstützte, auch wenn er das vor der Öffentlichkeit nicht bekannt gab. Vor allem wagte er es nicht, den Regierungsrat öffentlich zu kritisieren. Auch der Kirchenrat bestand aus Patrioten, und sein Respekt vor den staatlichen Autoritäten war gross, was durch die Tatsache, dass ihm Regierungsräte angehörten, noch verstärkt wurde. Eine weitere Erkenntnis: Was die

Flüchtlingsfrage betraf, so liess sich das Amt des Kirchenratspräsidenten nur schwer mit demjenigen des Regierungsrates vereinbaren.

Aufs Ganze darf aber festgestellt werden, dass in der evangelischen St. Galler Kirche hinsichtlich der Flüchtlingsfrage zwischen 1933 und 1939 ein beachtlicher Lernprozess stattgefunden hat. Besonders wichtig ist, dass das schwere Schicksal der Verfolgten auch viele Synodale und manche Gottesdienstbesucher erschütterte, was sich am Resultat der Kirchenkollekten ablesen lässt.

4 Die Zeit des Kriegsausbruchs

Die Motionen Roggwiller und Kutter

«Krieg und Frieden» war ein Thema, das die St. Galler Kirche seit den frühen Dreissigerjahren beschäftigte. Die aggressiven Diktaturen in Russland und Italien boten Anschauungsmaterial genug, auch beunruhigte der wachsende Einfluss der Falange in Spanien. Die Machtergreifung durch die militanten Nationalsozialisten in Deutschland warf seine Schatten voraus. Um die Abrüstungsbemühungen des Völkerbundes zu unterstützen, wurde Ende Januar 1932 in der Tonhalle St. Gallen vor über 2000 Zuhörern eine interkonfessionelle «Friedens-Versammlung» durchgeführt. Referenten waren der St. Galler Bischof Aloisius Scheiwiler und der evangelische Alttestamentler Professor Ludwig Köhler, Rektor der Universität Zürich.[202]

Gottlieb Roggwiller, damals noch Pfarrer in Kappel im Toggenburg, unterbreitete der Synode 1932 eine Motion, welche im Kontext der Friedensgefährdung zu sehen ist. Darin wird bedauert, dass der Bundesrat seine Zustimmung zu Waffen- und Munitionslieferungen aus eidgenössischen Werkstätten an Krieg führende Länder gegeben hatte. Diese Lieferungen seien neutralitätswidrig und stünden im Widerspruch zum Evangelium. Die Motion war von 31 Synodalen mitunterzeichnet und wurde «sozusagen einmütig» angenommen. Dem Bundesrat schien die Motion keine Überlegung wert zu sein. Jedenfalls traf keine Antwort aus Bern ein.[203]

Im Zuge seines Traumes vom neuen «Imperium Romanum» befahl Mussolini im Herbst 1935 den Angriff auf das alte christliche Kaiserreich Äthiopien (Abessinien). Das Land war Mitglied des Völkerbundes. Um den erbitterten

Widerstand der Äthiopier zu brechen, setzten die Italiener Giftgas ein und griffen die Bevölkerung aus der Luft an. Erst im Sommer 1936 gelang den italienischen Truppen die vollständige Unterwerfung des Landes. Der Völkerbund, dessen Mitglied auch die Schweiz war, erwies sich als machtlos.

An der Synode des Jahres 1937 brachte Hermann Kutter junior, Pfarrer in Bruggen, eine Motion ein, welche die «de jure-Anerkennung der italienischen Herrschaft von Seiten des Bundesrates» betraf.[204] Die Motion war von 55 Synodalen mitunterzeichnet, darunter von den drei Pfarrern Christian Lendi-Wolff, Dekan Gottlob Wieser und Kirchenrat Ernst Etter. Die Synode, heisst es im Text, nehme mit Bestürzung von dem Entscheid der obersten Bundesbehörde Kenntnis. «Sie kann nicht verstehen, warum gerade unser Land, welches wie kaum ein anderes auf internationale Rechtssicherheit angewiesen ist, sich beeilen musste, die an einem durch die Völkerbundssatzungen verbündeten Kleinstaat begangene Gewalttat zu sanktionieren. Die Synode verkennt keinen Augenblick, wie schwer das Amt des Bundesrates in jetziger Zeit ist. ... Umsomehr fühlt sie sich verpflichtet, darauf hinzuweisen, wie die Achtung und das Vertrauen zu unserer obersten Landesbehörde und das Rechtsgefühl in unserm Volk durch das Geschehene erschüttert worden sind. Wenn ... Unrecht gut geheissen wird, so bangen wir als Männer der evangelischen Kirche für unser Land, das nicht im Kniefall vor den Mächtigen dieser Erde, sondern nur in der Beugung vor dem Bestand hat, der ‹Recht schaffet allen, die Unrecht leiden›. (Psalm 103,6.)»[205] Der «Motion Kutter» war eine ähnliche Kundgebung des Pfarrkonventes Basel-Landschaft vorangegangen.

Auf eine lange Eintretensdebatte folgte in der St. Galler Synode eine «lange und bewegte Aussprache». Für die Motion setzten sich Pfarrer Jakobus Weidenmann, Robert Sturzenegger und Dekan Paul Trüb ein. Dagegen sprachen Stadtrat Dr. E. Graf (später Regierungsrat und Kirchenrat),

Landammann Dr. Karl Kobelt (später Kirchenratspräsident) und Regierungsrat und Kirchenratspräsident Dr. Baumgartner. Die drei Politiker argumentierten, die Kirche habe sich nicht in Belange des Staates einzumischen. Auch Pfarrer Werner Wirth war gegen die Motion. Die Befürworter beriefen sich auf das «Wächteramt» der Kirche.[206] Die grundsätzliche Frage des Verhältnisses zwischen evangelischer Kirche und schweizerischem Staat, die später in der Flüchtlingsfrage von neuem aufbrach, kommt in diesen gegensätzlichen Voten klar zum Ausdruck.

Gegen den Willen der Mehrheit des Kirchenrates wurde die Motion bei schon gelichteten Reihen mit 63 Ja gegen 54 Nein angenommen und dem Bundesrat zugestellt. «Eine Antwort ist nicht eingegangen.»[207] Die Zeitung «Die Front» in Zürich empörte sich über die st. gallischen Pfarrer und unterschob ihnen «böswillige, verleumderische Absicht». Sie kreidete der Synode auch an, dass sie den «militärischen Vorunterricht» zwar billigte, aber nur auf freiwilliger Basis.[208] Kutter gab nicht auf. Bei der Diskussion über den Amtsbericht an der nächsten Synode rief er den Kirchenrat auf, sich «tapfer» für den Völkerfrieden einzusetzen.[209]

Die Bettagsmandate Gutersohn und Sturzenegger

Kurz vor dem Krieg erliess der Kirchenrat zwei Bettagsmandate, deren Inhalt um den drohenden Krieg kreiste. Die Mandate wurden wie immer vom Gesamtkirchenrat genehmigt. Sie weisen aber durchaus die Handschrift ihrer Verfasser auf.

Im Bettagsmandat von 1937 forderte Kirchenratsschreiber Ulrich Gutersohn «die Notwendigkeit einer Entscheidung»: «Gott oder die Verherrlichung von Masse und Maschine! Gott oder die Verherrlichung von ‹Blut und Boden›! Gott oder die Willkür der heilig gesprochenen Selbstsucht! Gottes Offenbarung in seinem Christus oder in der völkischen Geschichte! Gottes verbindender heiliger

Geist oder der menschliche Geist der Zwietracht! ... Gottes Gericht oder die Ableugnung jeder Verantwortung für unser Tun und Lassen! ... Es darf keine Neutralität geben, wo Gottes Sache auf dem Spiel steht. Wohin aber der Geist der Gottes- und Christusfeindschaft unserer Tage ... führt, machen uns die Zeitereignisse immer deutlicher offenbar. Wir wanken beständig am Rande eines neuen, noch furchtbareren Weltkrieges dahin.» – Mit grösster Bestimmtheit und Klarheit analysiert und verurteilt Gutersohn in seinem Mandat die nationalsozialistische Ideologie und warnt vor ihren weltweiten schrecklichen Folgen. – In der Bettagsliturgie bittet Pfarrer Jakobus Weidenmann Gott angesichts der Kriegsgefahr nicht nur pauschal für die ganze Menschheit, sondern «für die Guten und für die Bösen, für die Gerechten und für die Ungerechten».[210]

Der Kirchenrat stimmte in seinem Amtsbericht über das Jahr 1937 den Gedanken Gutersohns und Weidenmanns zu und drückte seine Besorgnis über die Vorgänge in Russland, Spanien und Deutschland aus sowie seine Dankbarkeit, dass in der Schweiz noch «keine Tempel zur Verherrlichung von Blut und Boden» eingeweiht worden seien.[211] Auch der neu gewählte Kirchenrat Robert Sturzenegger nahm in seinem Bettagsmandat von 1938 Gedanken von Gutersohn auf. Er forderte Entscheidung angesichts einer Gewalt, die trotz verführerischer Worte dem Verderben entgegenführe. Auch grenzte er sich von der Meinung ab, wonach Menschen mit Gottvertrauen den Zuständen in der Welt untätig und willenlos zusehen und sich dabei vom Gedanken leiten lassen, «dass Gott ihre Mitarbeit nicht nötig habe. ... Dürfen wir da behaupten, dass Gottesglaube und Bürgerpflicht zwei Dinge sind, die einander nichts angehen, etwa mit der Begründung, dass Religion Privatsache sei?»[212] Sturzenegger griff damit das ihm wichtige Thema «Wächteramt der Kirche» auf.

«Peace for our Time»

Am 29. September 1938 kam es zum sogenannten «Münchener Abkommen» mit seinen bekannten fatalen Folgen. Dank seiner Zugeständnisse an Adolf Hitler meinte der englische Premierminister Chamberlain, er habe «peace for our time» (Frieden für unsere Zeit) gestiftet. Ein Aufatmen ging auch durch die Schweiz. Die vom SEK ausgegebene Anregung auf Durchführung eines «Dankgottesdienstes für den geretteten Frieden» stiess beim Kirchenrat in St. Gallen auf Ablehnung. Er hielt «stille Zurückhaltung» für richtiger. Wie er einige Monate später selbst feststellte, hat ihm die weitere Entwicklung der europäischen Politik recht gegeben. [213]

DIE KIRCHE UND DER KRIEG

Zwischen Angst und Zuversicht

Am Morgen des 1. September 1939 begann der deutsche Einmarsch in Polen. Der in Kirchenkreisen befürchtete 2. Weltkrieg war da. Im Bettagsmandat von 1940 rief Kirchenrat Robert Rotach zur «Standhaftigkeit, zur Furchtlosigkeit, zur Treue zur wahren Eidgenossenschaft auf». Gottes Zusage stehe fest: «Das Land zittert und alle die drinnen wohnen; aber ‹Ich halte seine Säulen fest›.»[214]

Die Mehrzahl der Schweizerinnen und Schweizer empfanden die Kriegszeit als äusserst schwierig. Bäuerinnen und Gewerbefrauen sprangen gezwungenermassen für ihre Männer ein, die an der Grenze standen. Arbeiterfrauen mussten mit einem kleineren Lohn auskommen. Beim Speisezettel musste man sich einschränken, was etwa der evangelische St. Galler Arzt Richard von Fels in seinen Tagebüchern schildert. Der Kirchenrat meldet, dass die Kirchenratskanzlei im Winter 1942/3 ungeheizt bleiben musste. Die Bedrohung war real und trotz des propagierten «hochgemuten Pessimismus»[215] war die Angst ein weit verbreitetes Lebensgefühl, wie Zeitzeugen bestätigen. «Panischer Schrecken ist in die Bevölkerung gefahren», notierte von Fels am Abend des 10. Mai 1940 in sein Tagebuch. Ein deutscher Messerschmidtbomber kreiste über der Stadt, und man befürchtete allgemein einen Angriff.[216]

Dass die Angst auch bei den politischen Behörden in Bund und Kanton umging, zeigt ihr Bestreben, alles zu unterlassen, was den gefährlichen Nachbarn im Norden hätte reizen können. Vor Angst waren auch die Pfarrer nicht gefeit. Verschiedene Gesprächspartner erzählten, sie (respektive ihr Vater) hätten auf der «schwarzen Liste» gestanden. In der Wohnung eines deutschen Geschäftsmannes, der bis zum Ende des Krieges in St. Margrethen tätig war, wurde nach seiner Ausweisung eine Liste gefunden, auf der fast alle Rheintaler Pfarrer verzeichnet waren.[217] Wichtig war aber der Widerstandswille, der sich allen Gefahren zum Trotz immer wieder Bahn brach. Viele Kirchenleute waren in der militärischen und geistigen Landesverteidigung engagiert.

Eine Folge der grossen Ängste war die Belebung und Vertiefung des Glaubens der evangelischen Bevölkerung. Die Junge Kirche nahm einen grossen Aufschwung. Die Zahl der Theologiestudenten wuchs, ebenso das Bedürfnis nach Seelsorge. Es gab mehr Abendmahlsfeiern. «Möge Gottes Gnade es verhüten, dass es sich nur um eine Kriegskonjunktur handle», meinte der Kirchenrat.[218] – In verschiedenen kirchlichen Dokumenten dieser Jahre ist die Rede von «Männerarbeit». Ein Beispiel: Die «Freie protestantische Vereinigung» in St. Gallen veranstaltete sogenannte «Läsinen» in Erinnerung an Johannes Kessler, der in der Reformationszeit unter dieser Bezeichnung Bibelstunden gehalten hatte. «Die Bürgerstube im Café Pfund» war jedes Mal zum Bersten voll. Unter der Anleitung von Ulrich Gutersohn und Hans Martin Stückelberger beschäftigten sich die Männer im Kriegswinter 1941/42 an je vier Abenden mit Zwingli und Calvin, im nächsten Winter unter Leitung von Richard Pestalozzi und Hans Gut mit

Luther und mit dem Römerbrief. Im letzten Kriegswinter nahmen sich die Männer das «Zweite Helvetische Bekenntnis» und Zwinglis Nachfolger, Heinrich Bullinger, vor.[219] Auffallend ist die Rückkehr zu den Quellen des reformierten Glaubens.

Angesichts der Bedrohung von aussen hatten auch Pfarrer das Bedürfnis nach vermehrtem geistigem Austausch. Wie Eduard Schweizer erzählt, fand bei Peter Walter, der nun Pfarrer in Bruggen war, regelmässig eine «Pfarrer-Sozietät» statt. Man las und diskutierte Schriften von Karl Barth. Zu diesem Kreis gehörten unter anderen Carl Gsell, Werner Tanner, Christian Lendi-Wolff, Richard Pestalozzi und Hugo Heller. Schweizer selbst fuhr jeweils mit dem Fahrrad von Nesslau, wo er Pfarrer war, über die Schwägalp nach Bruggen und nach beendeter Gesprächsrunde mit Heller über dessen Wohnort Hemberg zurück nach Hause.[220]

Erstmals 1936, dann immer wieder, rief der Kirchenrat zum Gebet für den Frieden und zur Fürbitte auf. «Diese ... ist im Blick auf unsere Verschonung unser Vorrecht und unsere hohe Pflicht. Sie kann in besondern Gottesdiensten geschehen. Sie kann aber auch regelmässig jeden Sonntag vollzogen werden, indem die Gebete im Gottesdienst in entsprechender Weise ergänzt werden.» «Wir sind in der Schweiz nicht nur Zuschauer dieser ungeheuren Tragödie ... Wir leiden mit den kämpfenden Völkern, wir fühlen mit den unterdrückten Nationen. Wir sind im Innersten erschüttert, wenn wir von den zahlreichen Opfern hören, welche die schauerlichen Bombardierungen fordern.»[221] Pfarrer Richard Pestalozzi, 1941 Präsident der Synode, rief zum grundsätzlichen Gebet für den «wahren Frieden und Verständigung der Völker» auf.[222]

Militärische und geistige Landesverteidigung

Der Kirchenrat stand uneingeschränkt zur Landesverteidigung. Im Bettagsmandat 1940 forderte er die Angehörigen der Landeskirche auf, der Soldaten und ihrer Familien «in dankbarer Anerkennung aller bisher bewiesenen Opferwilligkeit» zu gedenken.[223] Er befasste sich mit der Militärseelsorge, stellte 5000 Liederbüchlein für die st. gallischen Truppeneinheiten bereit und regelte die Vertretung der Pfarrer, die als Feldprediger aufgeboten wurden. Verschiedene St. Galler Pfarrer setzten viel von ihrer Kraft für den Feldpredigerdienst ein, so Hans Martin Stückelberger und Paul Frehner (bis 1941 Pfarrer in Wattwil), der sich unter dem Eindruck Hitlers vom Pazifisten und Antimilitaristen zum entschiedenen Vertreter der Landesverteidigung gewandelt hatte.[224] – Nach dem Zusammenbruch Italiens strömten viele englische Soldaten in die Schweiz. Der Kirchenrat half mit bei der Betreuung der Internierten, indem er den des Englischen kundigen Missionar E. Peyer (Basler Mission), der Gemeindeglied von Straubenzell war, für die Funktion eines Feldpredigers zur Verfügung stellte.

Sodann plante der Kirchenrat Massnahmen für den Fall, dass einzelne Pfarrer völlig ausscheiden sollten. Den Kirchenvorsteherschaften wurde die Kompetenz erteilt, an Stelle des abwesenden Pfarrers einen «Laien» zu bestimmen. Im oberen Toggenburg, erzählt Eduard Schweizer, hätten er und die benachbarten Pfarrer die Kirchenvorsteher in allen sechs Kriegswintern zu je drei bis vier Schulungsabenden aufgeboten. Im Schnellverfahren bereiteten sie sie auf eine pfarramtliche Tätigkeit vor.[225] Kopfzerbrechen bereitete dem Kirchenrat die Frage der allfälligen Evakuierung von ganzen Dörfern und des Weggangs von gefährdeten Pfarrern aus ihren Gemeinden. Er wies die Pfarrer schliesslich an, bei zwangsweiser Evakuation der Gemeinde an den neuen Aufenthaltsort zu folgen. «Freiwillige Evakuierung des Pfarrers soll nur in Fällen ausgesprochener Gefährdung vorgesehen werden.»[226]

Verschiedenen evangelischen Persönlichkeiten lag neben der militärischen die «geistige Landesverteidigung» am Herzen. Für das Überleben der demokratischen Schweiz investierten sie viel Energie. Besondere Erwähnung verdient Georg Thürer (1908–2000), Professor an der Handelshochschule, der landauf und -ab in diesem Sinne auftrat. Besonders eindrücklich war sein Vortrag «Im Namen Gottes des Allmächtigen» an der «Landsgemeinde» der Jungen Kirche in Frauenfeld am 6. Juli 1941 – wenige Tage, nachdem die Deutschen Russland überfallen hatten. «Die sommerliche Wärme» – so heisst es in einem Bericht – habe die Teilnehmenden nicht abgehalten, den Darlegungen Thürers in seiner melodischen Glarner Mundart «mit gespannter Aufmerksamkeit zu folgen». Viele dieser jungen Menschen merkten, dass es um die «brennendsten Gegenwartsfragen» ging, die «jeden Schweizer und vor allem jeden Christen» in der Schweiz betrafen.[227] Im obersten Geschoss des Postturmes am Bahnhofplatz St. Gallen schrieb Thürer Artikel für die Tagespresse, auch für die NZZ. Kurz vor dem Krieg hatte ihn Professor Karl Meyer zum Sekretär der RES PUBLICA, einer der wichtigsten geistigen Widerstandsorganisationen der Schweiz, berufen. In dieser Funktion hatte Thürer Texte für den berühmten «Höhenweg» der «Landi» (Landesausstellung 1939) zu schreiben. Thürer unterrichtete auch die rund 100 polnischen internierten Wirtschaftsstudenten im Raum St. Gallen in Deutsch.[228]

Um die «geistige Landesverteidigung» und dabei insbesondere um die Grundsätze «Menschlichkeit, Gerechtigkeit, freies und zugleich verantwortungsbewusstes und -bereites Bürgertum als Fundament des schweizerischen Staatswesens» ging es Hans Martin Stückelberger in einem Vortrag vor der Synode. Er liess es im Zusammenhang mit dem Zeitgeschehen nicht am Hinweis auf «eigene Schuld und Pflicht» fehlen[229].

Der Goldacher Pfarrer Paul Candrian (1904–1987) hielt am 26. Juli 1942 vor Gliedern seiner Gemeinde eine

Predigt auf dem Gornergrat. Angesichts der herrlichen Gebirgslandschaft, welche es zu verteidigen gelte, sprach er von der Treue, mit welcher Gott die Menschen halte, so «fest wie der Alpenfirn». Er erinnerte aber auch an den Berg Sinai, auf dem Gott den Menschen kundtat, wie sie sich zu den Mitmenschen zu verhalten hätten. Wie ein «schützender Zaun» lege sich das mosaische Gesetz um das menschliche Leben. «Wer das missachtet, entehrt nicht nur Gott ..., sondern ... bringt die Menschheit ins Unlück.»[230]

Pressezensur

Der Bundesrat verfügte gleich zu Kriegsbeginn die Nachzensur der Presse. Offiziell forderte er zwar keine Gesinnungsneutralität, faktisch aber aus aussenpolitischen Rücksichtnahmen Zurückhaltung bei Stellungnahmen zum internationalen Geschehen. In der Tat trafen in Bern vielfach geharnischte Protestschreiben gegen freimütige Äusserungen in der Schweizer Presse aus Berlin ein. Zeitgenossen konnten sich, sofern sie wollten, aber trotz der Zensur ein Bild von den wesentlichen Vorgängen machen.[231] Was die evangelische Kirche betrifft, so gerieten vor allem die «Neuen Wege» von Leonhard Ragaz und Schriften von Karl Barth unter Beschuss der Zensurbehörde. St. gallische Kirchenvertreter verteidigten die «Freiheit des Wortes».

Streitbar, wie er war, schrieb Pfarrer Roggwiller an die Pressekommission der Abteilung Presse und Funkspruch in Bern: «Ist es wirklich wahr, dass die ‹Neuen Wege› von Prof. Dr. Ragaz unter Zensur kommen sollen? Ich kann es nicht fassen und glauben. Ein grosses Stück Glauben an die Schweiz wird mir damit aus dem Herzen gerissen ... Wo ist ein so klares, freies, schweizerisches und biblisches Zeugnis wie das von Dr. Ragaz? ... die Zeitung der ‹nationalen Front› darf erscheinen, ausländische Zeitungen dürfen getrost am Mark der Demokratie nagen ..., und das urschweizerische und profetisch-biblische Wort eines Ragaz kommt unter Militärzensur?»[232] (Was Roggwiller nicht anführte: Schweizerische Presseerzeugnisse waren in Deutschland verboten. Die deutschen Demarchen stellten deshalb einen Eingriff in die inneren Verhältnisse der Schweiz dar.)

Wegen der Zensur der christlichen Presse sprach Kirchenrat Robert Sturzenegger aus eigener Initiative bei Bundesrat Karl Kobelt vor. Alphons Koechlin, neuer Präsident des SEK, dessen Vorstandsmitglied Sturzenegger ebenfalls seit kurzem war, verzieh ihm diese Eigenmächtigkeit nicht nur, sondern zeigte sich vom Vorstoss angetan. Sturzenegger habe «den Weg ebnen helfen» zu einem Gespräch des SEK mit dem Bundesrat. Er sei ihm sehr dankbar.[233] Koechlin sprach etwas später tatsächlich mit Bundesrat von Steiger, der sich allerdings auf die Neutralität berief. In der nachfolgenden Sitzung des Vorstandes des SEK argumentierte Sturzenegger: «Nous devons tenir bon contre toute tentative de museler la vérité. Demandons donc au Conseil fédéral que la liberté de l'Eglise soit sauvegardée ... Il appartient à l'Eglise de rappeler à l'Etat les commandements divins. Ecrivons une lettre ou envoyons une délégation au Conseil fédéral.» Die Mehrheit des Vorstandes zögerte und beschloss schliesslich, eine Kommission einzusetzen.[234]

Einen kleinen Coup landete Karl Barth mit der Publikation einiger seiner politisch brisantesten Kleinschriften: Im – von Bern aus gesehen – abgelegenen St. Gallen brachte der kleine Verlag der «Evangelischen Gesellschaft» die Vorträge «Unsere Kirche und die Schweiz in der heutigen Zeit» und «Im Namen Gottes des Allmächtigen» heraus. Es handelt sich um dieselbe Gesellschaft, in welcher Reinhold Schmälzle als Pfarrer wirkte. Die Buchdruckerei Weber in Heiden übernahm den Druck. Den ersten Vortrag hielt Barth am 19. Januar 1941 am Nachmittag am «Toggenburger Kirchentag» in Wattwil[235] und am Abend im Rahmen der «Freien protestantischen Vereinigung» in der prall gefüllten St. Mangenkirche in St. Gallen. Er sprach von einer Staatsmacht, welche sich die moralische und physische Vernichtung von Opponenten und von Schwachen zum Prinzip mache und welche insbesondere die Juden misshandle.[236] Der Vortrag erboste das deutsche Regime aufs äusserste – damals begann die «Euthanasie» geistig und körperlich Behinderter und psychisch Kranker – und wirbelte auch in Bern gewaltigen Staub auf. Barths Telefon wurde daraufhin widerrechtlich ein Jahr lang von der Bundespolizei abgehört. Im zweiten Vortrag, den er ein halbes Jahr später vor der «Landsgemeinde» der Jungen Kirche im bernischen Gwatt hielt, kritisierte Barth die Flüchtlings- und Pressepolitik des Bundes und rief zum Widerstand gegen den Nationalsozialismus auf. Die Schrift wurde auf Weisung der Militärzensur eingestampft, zu spät allerdings, da viele Exemplare schon den Weg ins Volk gefunden hatten. Fräulein Henrich von der evangelischen Buchhandlung an der Katharinengasse in St. Gallen hatte dafür gesorgt, dass der grösste Teil der Auflage das Zielpublikum bereits erreicht hatte.[237]

Unter den behördlichen Zensurmassnahmen litt auch der «Nebelspalter». Von Anfang an hatte er das nationalsozialistische Regime mit Attributen wie Faust, Stiefel, Rute und Revolver gekennzeichnet. Ende 1939 veröffentlichte er eine Zeichnung, welche die Erschiessung von Studenten in Prag zeigt. Der St. Galler Kreischef der «Abteilung Presse und Rundfunk» teilte Löpfe-Benz eine Schelte aus: «Durch ihre leidenschaftliche Parteinahme gegen Deutschland wirken diese Zeichnungen auf schweizerische Leser verhetzend gegen Deutschland, auf deutsche Leser in hohem Masse beleidigend». (Dabei durften Deutsche den Nebelspalter gar nicht lesen.)[238] Dass die Erschiessung Tatsache war, wird im Brief nicht erwähnt, Löpfe-Benz hingegen wird der Verletzung der Neutralität bezichtigt. Dieser verteidigte sich: Schweigen erscheine ihm als Schwäche, Schwäche aber fördere nicht den Respekt vor der Schweiz. Doch liess er von da an mehr Vorsicht walten. Ein Blatt von ca. 1940 zeigt zwei traurig dreinblickende Vögel vor einem Futterhäuschen, an dem die

Aufschrift hängt: «Nur für Arier».[239] Diese Karikatur passierte die Zensur.

Erwin Sutz und Dietrich Bonhoeffer

Im Februar 1941 zeichnete sich die Unfähigkeit Deutschlands ab, Grossbritannien, den einzigen noch übriggebliebenen Feind, physisch und psychisch zu besiegen. In diesem Moment brach der bekannte deutsche Theologe Dietrich Bonhoeffer zu einer Reise in die Schweiz auf. Seit Beginn des Krieges führte er ein Doppelleben als Pfarrer, Dozent der Bekenntniskirche und als Angehöriger der Widerstandsbewegung, der er sich vor allem aus Empörung über die Judendiskriminierung angeschlossen hatte.[240] Im Auftrag Oppositioneller in der «Militärischen Abwehr» sollte Bonhoeffer von der Schweiz aus die abgebrochenen Kontakte zu Persönlichkeiten in England wieder anknüpfen.[241] In Zürich suchte er seinen alten Mentor Siegmund-Schultze auf.[242]

Bonhoeffer reiste auch nach Rapperswil zum dortigen Pfarrer Erwin Sutz[243], mit dem ihn seit der gemeinsamen Studienzeit in New York eine intensive Freundschaft verband und der als «begnadeter Prediger des Evangeliums» gerühmt wird[244]. Seit Kriegsbeginn vermittelte Sutz Nachrichten zwischen Bonhoeffer in Berlin und dessen Zwillingsschwester Sabine Leibholz-Bonhoeffer in Oxford. Ihr Gatte war Jude, weshalb sie mit ihrer Familie nach England geflüchtet war.[245] Auch bei seiner zweiten Schweizer Reise im Herbst 1941 suchte Bonhoeffer Sutz in Rapperswil auf, um ihm zur Hochzeit zu gratulieren. – Im Jahr 1942 publizierte Sutz im «Kirchenblatt für die reformierte Schweiz» den theologisch tiefschürfenden Artikel «Der Ölbaum» (nach Röm 11,17 ff.), ein glühendes Plädoyer für die Juden.[246]

Jüdische Ärztinnen und Ärzte an der psychiatrischen Klinik in Wil

Viele schweizerische Ärzte wurden während des Krieges immer wieder in den Militärdienst eingezogen. Der Chefarzt der psychiatrischen Klinik Wil, Dr. Edouard Naef (1892–1951), wäre mit seinen 1000 Patientinnen und Patienten in 15 Häusern allein dagestanden, hätte er nicht jüdische Ärztinnen und Ärzte einstellen können. Und diese waren froh, als Flüchtlinge in ihrem Beruf arbeiten zu dürfen. Unter ihnen befanden sich eine Frau Dr. Sch., Jüdin aus Wien, die von ihrem christlichen Mann im Stich gelassen worden war, und ein Arzt und eine Ärztin aus dem Baltikum. Die jüdischen Ärzte wohnten in der Klinik und gingen tagtäglich in der Wohnung der Familie Naef ein- und aus. Es gab Drohungen gegen Dr. Naef. Er und seine Frau liessen sich jedoch nicht einschüchtern.

Der Protestant Naef war kein eifriger Kirchgänger. Er hatte aber ein breites religiöses Interesse, das sich auch auf andere Religionen erstreckte. Sein Engagement für die Patienten und für die jüdischen Kolleginnen und Kollegen habe er schlicht für eine Gewissenspflicht gehalten.[247] – Damit ist das Thema des nächsten Kapitels, «Krieg und Flüchtlingsfrage», bereits angesprochen.

5 Krieg und Flüchtlingsfrage

RICHARD PESTALOZZI UND DIE «LANDESKIRCHLICHE FLÜCHTLINGSHILFE»

Die «Landeskirchliche Flüchtlingshilfe»

Unter dem Dach des SEHBKD entstand im Sommer 1939 die st. gallische «Landeskirchliche Flüchtlingshilfe» mit Pfarrer Richard Pestalozzi (1889–1963) als Leiter. Er war zuständig für die «judenchristlichen» zivilen Flüchtlinge. Militärflüchtlinge, die im Verlauf des Krieges zu Zehntausenden Einlass in die Schweiz begehrten, wurden in der Regel problemlos aufgenommen und vom Staat betreut. Zivilflüchtlingen gelang es in den beiden ersten Kriegsjahren nur noch selten, in die Schweiz hineinzukommen. Der Bund bezeichnete seit Ausbruch des Krieges die vor dem Krieg Eingereisten als «Emigranten», die neu Einreisenden als «Flüchtlinge»; für die Kirche waren alle «Flüchtlinge».

Laut Amtsbericht des St. Galler Kirchenrates war im Jahr 1939 das «Hauptanliegen sozialer Art die Regelung der ‹Fürsorge für die evangelischen Flüchtlinge› unseres Gebietes».[248] Am 24. Juni 1940 wurden die Synodalen mit folgenden vorsichtigen, aber deutlichen Worten begrüsst: «Möge es das unverdiente Vorrecht der Schweiz bleiben, Wunden heilen zu dürfen, statt zu schlagen.»[249] Im Komitee des neuen Hilfswerks sassen unter anderen die beiden Kirchenräte Pfarrer Robert Rotach und Robert Sturzenegger. Es trat aber nur wenige Male zusammen. In den Fällen, die rasche Entschlüsse erforderten, habe er «einfach mit dem Kassier Rücksprache» genommen, schreibt Pestalozzi in seinen Erinnerungen.[250] Vieles, auch der Verkehr mit den politischen Behörden, wurde seiner Initiative überlassen.

Mit Richard Pestalozzi wurde eine glückliche Wahl getroffen. Er war ein unerschrockener, tatkräftiger und leistungsfähiger Pfarrer, ein frohgemuter «Täter des Wortes». Mit Ausdauer und organisatorischer Phantasie setzte er sich ein, wofür er Verantwortung übernommen hatte. Das Zeitgeschehen verfolgte er engagiert und kritisch, was sich etwa darin zeigt, dass er sich aus drei verschiedenen Zeitungen darüber informierte, dem bürgerlichen «St. Galler Tagblatt», der sozialdemokratischen «Volksstimme» und Nationalrat Albert Oeris «Basler Nachrichten». Oeri gehörte zu den wenigen bürgerlichen Nationalräten, die gegen die offizielle Flüchtlingspolitik opponierten. Als Dekan des Pfarrkapitels St. Gallen und als Präsident der Synode von 1940–1941 genoss Pestalozzi bei den Behörden einen hohen Bekanntheitsgrad. (In späteren Jahren hatte er das Präsidium des Kirchenrates inne.) So verfügte er über günstige Voraussetzungen für seine Tätigkeit im Dienste der evangelischen Flüchtlingshilfe, die er in der Meinung, sie sei nicht von langer Dauer, übernahm.

Zunächst konnte sich Pestalozzi von seinen Tablater Kollegen Hans Böhringer und Fritz Rohr getragen fühlen. Kurz nach Ausbruch des Krieges publizierten sie gemeinsam einen Aufruf zugunsten der Juden, der an Eindeutigkeit nichts zu wünschen übrig lässt: «Wie ein Vorspiel zum heutigen Geschehen muten uns die furchtbaren Verfolgungen an, denen die Juden im deutschen Reiche schon seit Jahren ausgesetzt waren. Ihre Synagogen gingen in Flammen auf. Die Konzentrationslager füllten sich mit Menschen, deren einziges Verbrechen darin bestand, ‹nichtarisches› Blut in ihren Adern zu haben. Manche konnten das Leben nicht mehr ertragen und warfen es weg. Viele flüchteten sich in die Schweiz, wo sich die jüdische Gemeinde ihrer annahm. Es ist erstaunlich, was für gewaltige Summen sie schon für ihre Glaubensbrüder aufgeopfert hat.»[251] Unter den Flüchtlingen gebe es solche, die um ihrer Rasse willen im Staat rechtlos geworden und um ihres Glaubens willen aus der Gemeinschaft der Juden ausgestossen worden seien. Diese «Judenchristen» dürfe man nicht im Stiche lassen, wenn man den Anspruch erhebe, Gemeinde Jesu Christi zu sein. – Dass sich die drei Pfarrer vor der Opferbereitschaft der schweizerischen Juden verneigten, verdient besonders hervorgehoben zu werden. Mit ihrem Aufruf verbanden sie die Bitte an die Gemeindeglieder, den Jugendlichen, die demnächst vorbeikommen würden, einen «Flüchtlingsbatzen» zu geben.

Die Persönlichkeit Pestalozzis

Richard Pestalozzi stammte aus einer Pfarrfamilie in St. Gallen mit zürcherischen Wurzeln. Er hatte in Basel, Marburg und Berlin studiert. Während seines Studiums wandte er sich mit Begeisterung dem religiösen Sozialismus zu, Hermann Kutter und Leonhard Ragaz wurden seine Vorbilder, und er war mit Eduard Thurneysen befreundet, dem engsten Freund Karl Barths. Auch Pestalozzi wandelte sich allmählich zum «Barthianer» und behielt dabei seine starke soziale Ader bei. Zeit seines Lebens war ihm das «Blaue Kreuz» ein Herzensanliegen. Und während des Krieges kümmerte er sich ostentativ auch um kommunistische Flüchtlinge.[252] – Nachdem Pestalozzi zunächst Pfarrer in Speicher gewesen war, wirkte er seit 1927 im Kirchkreis St. Fiden der evangelischen Kirchgemeinde Tablat, einem weitläufigen, von der Wirtschaftskrise besonders hart betroffenen St. Galler Stadtquartier. Das Pfarrhaus St. Fiden (heute Grossacker) war, wie sich sein Sohn erinnert, seit je die Anlaufstelle für allerlei Randgestalten gewesen. Nun wurde es zu einem Ort der Hoffnung und Ermutigung für Flüchtlinge.[253]

Zu Pestalozzis Mitstreitern in der Flüchtlingsfrage gehörten neben seinen Kollegen in Tablat vor allem Kirchgemeindepräsident und Kirchenrat Robert Sturzenegger sowie Peter Walter und Christian Lendi-Wolff in Bruggen, Jakobus Weidenmann im Linsebühl und Gottlieb Roggwiller in Rorschach. Enge berufliche Kontakte verbanden ihn mit Robert Rotach, der 1942 Kirchenratspräsident wurde. Auch mit Ludwig und Dora Rittmeyer war er gut bekannt. Gertrud Pestalozzi und Dora Rittmeyer organisierten jeweils Bazare für die Basler Mission.

In der Stadt St. Gallen und Umgebung bestand zwischen den in der Flüchtlingsfrage Engagierten also ein dichtes Netz von Beziehungen, das sich bis ins Toggenburg, Rapperswil und ins Rheintal ausdehnte. Pestalozzi fühlte sich etwa von den Mitgliedern der «Barth–Sozietät» in Bruggen unterstützt. Er war auch in das viel grössere Netz von Gleichgesinnten im SEHBKD eingebunden. An den «Wipkinger Tagungen» dieser Organisation in Zürich versammelten sich jeweils Hunderte von Männern und Frauen aus der ganzen Schweiz, um sich durch die Leitfiguren Karl Barth, Emil Brunner, Eduard Thurneysen, Wilhelm Vischer, Paul Vogt und Gertrud Kurz über den neuesten Stand der Flüchtlingsfrage informieren zu lassen und um darüber zu diskutieren. Gesamtschweizerische und internationale Kontakte pflegte Pestalozzi im «Schweizerichen kirchlichen Hilfskomitee» in Bern, in das er Einsitz nahm. Auch mit der katholischen Flüchtlingshilfe der Caritas und mit der «israelitischen Aktion» stand er in ständigem Kontakt.[254] Aus heutiger Sicht beeindruckt vor allem der beharrliche gemeinsame Einsatz für die Flüchtlinge des Freundespaares Pestalozzi – Sturzenegger.

Es war Pestalozzi ein Anliegen, eine persönliche Beziehung zu seinen Schützlingen aufzubauen. Er besuchte sie in Auffangs- und Arbeitslagern, Spitälern und Gefängnissen. Immer wieder sprach er in St. Gallen und in Bern bei politischen Behörden vor. Er führte ein offenes Haus, wobei ihm seine Frau Gertrud (geborene Schlegel, 1898–1990, Pfarrerstochter aus Trogen) zur Seite stand. Die Flüchtlinge gingen bei Pestalozzis ein und aus. Manche wohnten längere Zeit im Pfarrhaus, bis ein fester Wohnsitz für sie gefunden war. Schon vor dem Krieg hatte die sechsköpfige Familie das Kind eines deutschen Bekenntnispfarrers aus Berlin für lange Ferien bei sich aufgenommen. An Weihnachten veranstaltete das Ehepaar Pestalozzi jeweils eine Feier für die Flüchtlinge im Unterrichtszimmer des Pfarrhauses. Um einige Flüchtlinge kümmerte sich Pestalozzi noch nach dem Krieg. Besonders ans Herz gewachsen war ihm der 1925 geborene E. C., Sohn aus begütertem jüdischem Hause, der als debil galt und dessen Eltern verschollen waren. E. C. wurde Richard Pestalozzi von der zürcherischen Emigrantenkinderhilfe überwiesen. Zu jenem Zeitpunkt war der Junge in der Klinik Littenheid bei Wil interniert. Pestalozzi holte ihn heraus und brachte ihn in einer Gärtnerei und später an anderen Stellen unter.[255]

Pestalozzis praktische Arbeit

Die st. gallische Sektion der Emigrantenkinderhilfe (SHEK) stellte der «Landeskirchlichen Flüchtlingshilfe» den Saldo von Fr. 464.81 als Starthilfe zur Verfügung. Dieses Geld stammte aus einer früheren Kirchenkollekte.[256] Die Zusammenarbeit zwischen der Kantonalkirche und der st. gallischen Sektion des SHEK wurde also fortgesetzt. Der Kassier der Emigrantenkinderhilfe St. Gallen namens Hürlimann anerbot sich, auch die Kasse des neuen Hilfswerks zu verwalten, was mit Dank angenommen wurde.[257]

Eine der ersten Handlungen von Pfarrer Pestalozzi als Leiter der St. Galler Flüchtlingshilfe war die Einführung des «Flüchtlingsbatzens». Die Idee dazu ging zwar nicht von Pestalozzi aus, sondern von der theologischen Arbeitsgemeinschaft Bern. Auf breiter Basis wurde der «Flüchtingsbatzen», eine wiederkehrende Haussammlung, aber zuerst im Kanton St. Gallen institutionalisiert. Teils rasch, teils zögerlich liessen sich dann auch die andern Landeskirchen darauf ein. Der «Flüchtlingsbatzen» entwickelte sich mit der Zeit zur wichtigsten Finanzquelle der evangelischen Flüchtlingshilfen der Schweiz.

Die erste St. Galler Gemeinde, welche den monatlichen «Flüchtlingsbatzen» einführte, war Nesslau mit seinem jungen Pfarrer Eduard Schweizer. In einem Aufruf im

«Toggenburger Kirchenboten» schilderte Schweizer, wie «jüdische Kinder und Frauen im Nachthemd durch die Strassen gejagt wurden zum Gespött der Zuschauer». Nesslau habe beschlossen, «nach vorheriger Anzeige von der Kanzel und durch die Zeitung alle evangelischen Familien durch die Schulkinder um einen ‹Flüchtlingsbatzen› zu bitten». Der Betrag könne klein sein. Wichtig sei, dass er «treu jeden Monat gegeben» werde. Der Aufruf schliesst mit den Worten: «Die Gemeinde Nesslau bittet ihre Brudergemeinden im Toggenburg, möglichst bald in dieser oder ähnlicher Weise mitzuhelfen am Flüchtlingswerk.»[258]

Es folgten die drei stadt-st. gallischen Kirchgemeinden Straubenzell, Tablat und St. Gallen (heute St. Gallen C) sowie Rapperswil, Lichtensteig, Ganterschwil, einige kleinere Gemeinden sowie Herisau. (Die appenzellische Landeskirche schloss sich dem st. gallischen Hilfswerk denn auch bald an.) Auch Buchs, Rorschach, Oberuzwil, Wattwil und Walenstadt stiessen hinzu. «Trotz wiederholter Bitte» Pestalozzis und trotz mehrfacher Aufrufe des Kirchenrates «konnten sich die Pfarrämter mehrerer grösserer Gemeinden nicht entschliessen, in dieser Sache etwas zu tun.»[259] In einigen Dörfern mögen die politischen Behörden der Sammlung Steine in den Weg gelegt haben. Einem Schreiben von Regierungsrat Keel an den Kirchenrat kann man entnehmen, dass «Kollektieren von Haus zu Haus» nach Gesetz verboten sei, Bewilligungen für einzelne Gemeinden aber vom Gemeinderat und für grössere Gebiete vom Regierungsrat erteilt würden.[260] Immerhin: Vom 1. September 1939 bis zum 31. August 1940 kam die schöne Summe von Fr. 20'184.65 zusammen, dazu knapp Fr. 2000.- an weiteren Spenden.[261]

Es hätten sich in den Kirchgemeinden «nicht wenige eifrige Helfer» gefunden, schreibt Pestalozzi.[262] Zumeist handelte es sich um «Laien», oft ältere Frauen oder Mitglieder der Jungen Kirche. Auf Anstoss des Kirchenrates ordneten viele Kirchgemeinden auch immer wieder Kirchenkollekten zugunsten der Flüchtlinge an. Das Ergebnis variierte stark von Gemeinde zu Gemeinde. Während einige grössere Gemeinden 1940/41 überhaupt keine Kollekte für diesen Zweck anordneten, brachte die Industriegemeinde Rorschach Fr. 132.85 zusammen, das kleine Krummenau Fr. 50.- und Flawil Fr. 189.65.-. Weit obenaus schwang die Diaspora-Gemeinde Rapperswil-Jona von Bonhoeffer-Freund Erwin Sutz mit Fr. 3'054.45.[263]

St. Gallen konnte laut Pestalozzis Bericht vom ersten «Flüchtlingsbatzen» in den letzten Monaten des Jahres 1939 je Fr. 1000.- an Vogts SEHBKD in Zürich und abliefern und ab 1940 zusätzlich das Schweizerische Hilfskomitee in Bern mit regelmässigen Beiträgen unterstützen.[264] Die St. Galler Flüchtlingshilfe gehörte während der ganzen Kriegszeit zu den zuverlässigsten und wichtigsten Stützen der gesamtschweizerischen evangelischen Flüchtlingshilfe.[265]

Am 26. November 1940 lieferte Pfarrer Pestalozzi einen ausführlichen Bericht über die ersten 15 Monate Tätigkeit der «Evangelischen Flüchtlingshilfe» an den st. gallischen Kirchenrat ab.[266] Noch bei der Schaffung der «Landeskirchlichen Flüchtlingshilfe» war er davon ausgegangen, dass die Flüchtlinge rasch weiterreisen würden. Nach Kriegsausbruch war nicht mehr daran zu denken. Pestalozzi zog die Konsequenz: «Haben wir nun einmal die Verantwortung für die evangelischen Flüchtlinge übernomen, so müssen wir ihnen zur Seite stehen, solange es notwendig ist.»[267] Die Flüchtlinge, die im Kanton St. Gallen Aufenthalt genommen hätten, fährt er fort, stünden weiter unter der Obhut von Pfarrer Vogt vom SEHBKD. «Doch haben wir den persönlichen Verkehr mit ihnen aufgenommen und vertreten sie, wenn nötig, auch bei den Behörden.» Für ausserordentliche Bedürfnisse kam in der Regel direkt die st. gallische Kasse auf. Da die Emigranten selbst nichts verdienen dürften, erhielten sie pro Monat und Person Fr. 80.-.[268] Für Kleider, Brennmaterial, Arzt- und Zahnarztrechnungen musste Pestalozzi den Schützlingen oft noch besondere Zuschüsse zukommen lassen.

Im ersten Jahr kümmerte sich Pestalozzi um 20, später um durchschnittlich 30 Flüchtlinge. Das scheint wenig zu sein. Betreuung und Verkehr mit den amtlichen Stellen verschlangen aber viel Zeit für einen Pfarrer, der vollamtlich in einer grossen Gemeinde angestellt war. Gelegentlich sandte er eine Gruppe von Flüchtlingen in den «Sonneblick» nach Walzenhausen, wo man «der seelischen Not zu wehren» suchte, unter der diese oft litten.[269] Die «Sonneblick»-Wochen wurden von Pfarrern geleitet, die dem SEHBKD nahe standen. Gelegentlich wurden auch jüdische Gemeindeglieder aus St. Gallen beigezogen.

Lassen wir Pestalozzi mit einigen wichtigen Passagen seines ersten Berichtes selbst zu Wort kommen:

«Die Emigranten in der Schweiz stehen unter sehr strengen Bestimmungen. Da es ihnen allein kaum möglich ist, Erleichterungen in ihrer Lage zu erreichen, sahen wir uns oft veranlasst, für sie mit den Polizeibehörden zu verkehren. Für verschiedene von ihnen machten wir Anstrengungen, eine vorübergehende Arbeitsbewilligung zu erhalten. Meist unterzeichneten wir auch die Gesuche um Verlängerung der Aufenthaltsbewilligungen. ... Einem jungen Mädchen konnten wir die Bewilligung erwirken, dass es sich in St. Gallen beruflich weiter ausbilden dürfe. Wir suchten auch drohende Ausweisungen zu verhindern und setzten uns mit der Fremdenpolizei in Bern wegen der Frage der Arbeitslager in Verbindung. Unsere Erfolge waren oft sehr minim, oft war gegen Massnahmen, die wir als schikanös empfinden, überhaupt nichts zu machen. Als besonders beschämend betrachten wir mit allen, die in der ganzen Schweiz in der Flüchtlingshilfe arbeiten, die Tatsache, dass Emigranten wegen ganz geringer Polizeivergehen oder bloss wegen Mittellosigkeit auf unbestimmte Zeit in den Strafanstalten interniert werden. Alle dahingehenden Vorstellungen der verschiedensten Organisationen bei der eidgenössischen Fremdenpolizei sind bis jetzt vergeblich gewesen. ... Sehr begrüsst wurde die Gründung von Arbeitslagern für jüngere Emigranten, durch welche sie der demoralisierenden erzwungenen Arbeitslosigkeit entrissen werden sollten. Leider wiesen die Lager allerlei Übelstände auf, verursacht durch mangelndes Verständnis der Leitung. Jetzt soll es etwas besser geworden sein. Doch sind die Einrichtungen zu primitiv für den Winter, sodass man gespannt sein kann, wie es weitergehen wird. Da die Schweiz für die Emigranten nur als Durchgangsland in Betracht kommen soll, müssen sich diese ständig um ihre Ausreise bemühen. Wir beteiligten uns an diesen Bemühungen und schrieben für einzelne nach London und Sidney, an ein Siedlungskomitee für Venezuela in Holland, an verschiedene Konsulate südamerikanischer Staaten. Der Erfolg war gleich null. Bei der heutigen Weltlage ist es ein reiner Zufall, wenn ein evangelischer Flüchtling aus der Schweiz auswandern kann. Katholiken und Juden haben etwas bessere Chancen, da ihre internationalen Organisationen engere Beziehungen zu den Staaten besitzen, welche für Einwanderung noch in Betracht kommen können. ... Unter den ... Emigranten, denen wir unsere Hilfe zuteil werden liessen, haben sich nicht alle als würdig erwiesen. Doch können wir ... nicht so sehr auf ihre moralischen Qualitäten abstellen. Die jahrelange Untätigkeit wirkt auf manche demoralisierend. Dazu kommen die Hoffnungslosigkeit und die Angst vor der Zukunft. Wir können die Emigranten nicht einfach nach den gewohnten Massstäben beurteilen. Es freut uns, sagen zu können, dass wir aber auch Dankbarkeit empfangen dürfen. Zu sehen, wie tapfer sich heimatlose Menschen in fremdem Lande mir ihrem schweren Los abfinden und wie sie sich in allem Unglück bewähren, macht uns oft einen tiefen Eindruck. Wir sind als Vertreter der christlichen Gemeinde die einzige Stütze vieler dieser Menschen. Dadurch, dass wir unsere Aufgabe an ihnen erfüllen, erhalten wir in ihnen den Glauben, dass christliche Humanität keine Phrase ist.»[270]

Der Bericht von Pfarrer Pestalozzi ist in vielerlei Hinsicht aufschlussreich. Er ermöglicht einen Einblick in die bittere Realität des Flüchtlingsdaseins in der Schweiz und lässt ahnen, wie komplex, zeitintensiv und aufreibend seine Arbeit war. Er wirft ein Licht auf die Schwierigkeiten im Umgang mit den politischen Behörden in St. Gallen und Bern. Auffallend ist sein durchwegs kritischer Ton gegenüber der offiziellen Flüchtlingspolitik. Theodor Bätscher, der sein Vikariat bei Pestalozzi machte, berichtet, wie sein Mentor jeweils «niedergeschlagen von einer vergeblichen Besprechung mit Rothmund aus Bern zurückkehrte.»[271] Recherchen im st. gallischen Staatsarchiv zu den Demarchen Pestalozzis bei den kantonalen Behörden bestätigen die Schwierigkeiten.

Ein Beispiel: Im Herbst 1941 übergab Frau Dr. Guggenheim-Fürst, die zu diesem Zeitpunkt für die Israelitische Flüchtlingshilfe St. Gallen mitverantwortlich war, dem St. Galler Regierungsrat einen «Aufruf» zugunsten der Flüchtlinge, der breit gestreut werden sollte. Pestalozzi dürfte Mitverfasser des Aufrufs gewesen sein, denn dieser schliesst mit dem Zwingli-Zitat «Tut um Gottes willen etwas Tapferes». Im Aufruf wird auf die vielen jüdischen und christlichen Emigranten hingewiesen, die sich in der Stadt befänden und die kaum überleben könnten mit den knappen Unterstützungsbeiträgen. Die Autoren rufen zur Hilfe auf: «Wir wollen uns über alle Rassen, Klassen und Konfessionen hinweg die Hand reichen zum Dienst am Nächsten, am Bruder.» Sie bitten die Leser, Kleider oder Essen zu stiften oder regelmässig einen Flüchtling zum Essen einzuladen oder die Betreuung eines Flüchtlings oder eines Kindes aus dem Arbeitslager zu übernehmen, oder vielleicht sogar ein «Dachzimmerchen» zur Verfügung zu stellen, wo Insassen von Arbeitslagern gelegentlich am Wochenende oder in den Ferien leben könnten. – Auf dem Dokument im Staatsarchiv findet sich eine rot geschriebene Randglosse vom 6. November 1941: «Ich bin der Auffassung, dass derartige ‹Bettelbriefe› nicht versandt werden sollten. Wenn die Emigranten keine richtige Unterkunft erhalten, sollen sie eben im Arbeitslager bleiben.» Unterschrieben ist dieser Kommentar mit «St.»[272] – Ein zweites Beispiel: In einem Brief vom 19. August 1941 an die kantonale Fremdenpolizei bat Pestalozzi, ein im Kanton Zürich wohnhaftes evangelisches (wohl «judenchristliches») Flüchtlingsmädchen als Dienstmädchen bei der Pfarrfamilie Ochsner in Stein im Toggenburg unterbringen zu dürfen. Mit Schreiben vom 11. September 1941 lehnte die kantonale Fremdenpolizei das Begehren ab. Sie habe beim kantonalen Arbeitsamt nachgefragt, und dieses sei der Meinung, es gebe genug schweizerische Töchter für diese Stelle.[273] Der Staat half aber bei der Suche von Lehrstellen für die jugendlichen Flüchtlinge.

Um auf Pestalozzis ersten Bericht zurückzukommen: Er verschweigt nicht, dass es Probleme mit gewissen Flüchtlingen gab, doch relativiert er den damals oft gebrauchten Begriff «würdig» sofort, den er zwar selbst auch verwendete. Er konnte sich in die verängstigten und frustrierten Menschen einfühlen. – Der Kirchenrat zeigte sich zufrieden über den Bericht und schrieb: Die Arbeit ist von der «neuen Stelle aus mit Eifer und Hingebung aufgenommen worden».[274]

Im Sommer 1940 äusserte Pestalozzi an einer Sitzung des Kirchenrates seine Besorgnis über die «allfällige Rückweisung» eines Emigranten nach Deutschland. Er regte an, beim Regierungsrat oder via Kirchenbund «beim Bundesrat wegen der Beachtung des Asylrechtes vorstellig» zu werden. Der Kirchenrat lehnte aber ein Vorgehen auf eine «unmassgebliche Äusserung hin» ab, war jedoch bereit, die Frage noch Präsident Dr. Kobelt als Mitglied der Regierung vorzulegen.[275] Einige Wochen später teilte der Kirchenrat Pestalozzi mit, dass er es, nachdem er von Kobelt orientiert worden sei, «nicht für nötig halte, wegen deutscher Flüchtlinge an den Bundesrat zu gelangen – die kantonale Regierung kommt nicht in Frage –, da eine Rückforderung solcher Flüchtlinge durch Deutschland kaum zu erwarten sei.»[276] Die Episode zeigt die Komplexität der Flüchtlingsproblematik auf.

Im Jahr 1941 lebten ungefähr 300 evangelische Flüchtlinge in der Schweiz, davon etwa 30 in St. Gallen und Appenzell. Der «Flüchtlingsbatzen» erzielte im Jahr 1941 nach der unvollständigen Liste Pfarrer Paul Vogts folgende Resultate in schweizerischen Landeskirchen:

Aargau	Fr.	4'288.05
Bern	Fr.	1'998.05
Luzern	Fr.	5'900.00
Neuenburg	Fr.	24.00
St. Gallen-Appenzell	Fr.	19'090.00
Thurgau	Fr.	3'764.70
Zürich	Fr.	2'081.75[277]

Nach dieser Liste liegt St. Gallen-Apenzell, proportional zur Zahl der evangelischen Einwohner, an zweiter Stelle hinter der kleinen Diasporakirche Luzern.[278] Die beiden grossen Landeskirchen Zürich und Bern und andere befanden sich wohl erst in der Anlaufphase des Flüchtlingsbatzens. Schaffhausen führte den «Flüchtlingsbatzen» erst 1942 ein.[279] Später holten die anderen Landeskirchen auf.[280] Pestalozzi vermerkt dankbar, neben allerlei Ängstlichkeit habe er von den St. Gallern viel tatkräftige Hilfe erfahren. «Viele Herzen sind von der Not der Heimatlosen bewegt worden.»[281] Auf dem Höhepunkt der Flüchtlingsnot, im Jahr 1942, gelang es ihm, Fr. 52'300.- zusammenzubringen.[282]

Das Verhältnis Pestalozzis zur «Jüdischen Flüchtlingshilfe St. Gallen» unter Sidney Dreifuss war zu Beginn etwas getrübt durch die Taufe dreier Juden in Degersheim. Pestalozzi selbst hatte mit dieser Konversion nichts zu tun. «Mir war bei der Sache nicht recht wohl», schreibt er.[283] Pestalozzi meldete die drei Flüchtlinge von der jüdischen Flüchtlingshilfe ab. Diese verlangte verständlicherweise die Fr. 2798.- zurück, die sie für die drei Konvertiten nach ihrer Taufe ausgelegt hatte. Pestalozzi blieb nichts anderes übrig, als dieses Geld, angesichts der eigenen finanziellen Verhältnisse eine enorme Summe, aufzubringen.

Pestalozzi selbst taufte später das jüdische Ehepaar F., das 1938 von einem «Menschenschmuggler» über den Rhein geholt worden war. Zwar galt bei der evangelischen Flüchtlingshilfe der Schweiz spätestens von 1942 an der Grundsatz, die Notlage der Flüchtlinge nicht für Bekehrungsversuche zu missbrauchen. Doch der Fall F. war ein besonderer: L. F., von Haus aus Kaufmann, litt unter der erzwungenen jahrelangen Untätigkeit. Pestalozzi vermittelte ihm einen Studienplatz an der «Handelshochschule» und organisierte die Finanzierung. Eines Tages sprach ihn der offenbar areligiöse junge Mann an wegen seiner Sorgen um seine Frau, die «völlig hoffnungslos und zermürbt» sei. Pestalozzi wies ihn auf die Trostpsalmen im Alten Testament hin. Dem Paar ging eine Welt auf. Die junge Frau begann auch das Neue Testament zu lesen. Als sie den Wunsch äusserten, getauft zu werden, erfüllte er ihn.[284]

Wie Pestalozzi in seinen Erinnerungen andeutet, empfand die jüdische Seite die ganze Angelegenheit als Einmischung. Konversionen vom Judentum zum Christentum sind ein äusserst sensibler Bereich.

Fazit des Flüchtlingsverantwortlichen

Am Ende des Krieges schrieb Paul Vogt: «Der Dienst ist sehr schwer gewesen. Der Dienst ist aber auch sehr schön gewesen.»[285] Dasselbe liesse sich für Richard Pestalozzi sagen.

Was Pestalozzi schmerzte, war das Abseitsstehen etlicher Kirchgemeinden und Pfarrer beim «Flüchtlingsbatzen» (und später auch bei der «Freiplatzaktion»). Er habe im Kanton St. Gallen «kaum die Hälfte der Gemeinden dafür gewinnen» können.[286] «Manche Pfarrer fürchteten eine zusätzliche Belastung, andere wollten den Gemeindegliedern nicht neue Opfer zumuten. Wieder andere glaubten, es handle sich um das Werk einer bestimmten kirchl.

Richtung, von dem sie sich zurückhielten. Oft war es aber auch der Mangel an Phantasie, der Pfarrer und Kirchenvorsteher hinderte, sich die Lage heimatloser Menschen vorzustellen.»[287] Es fruchtete nicht sehr viel, dass Pestalozzi an jeder Synode die Kirchenvorsteher und Pfarrämter «an ihre Pflichten» zu erinnern suchte. Soweit es seine zeitlichen Kapazitäten zuliessen, hielt er auch Vorträge in Kirchgemeinden.[288]

Dem Ausscheren der Hälfte der Kirchgemeinden beim «Flüchtlingsbatzen» stand die Spendefreudigkeit der meisten evangelischen Kirchgemeinden in St. Gallen und Appenzell bei den Kollekten gegenüber. Das erfüllte Pestalozzi mit grosser Genugtuung. Er freute sich auch über die Dankbarkeit vieler Flüchtlinge.

Es gab auch verständnislose und feindselige Reaktionen auf die Flüchtlinge. Der achtzigjährige Flüchtling L. Sch. wurde einmal bei der Fremdenpolizei denunziert, «er sitze die ganze Zeit im Café herum und tue nichts». Pestalozzi wurde zur Fremdenpolizei zitiert. Er verteidigte den alten Mann: «Was sollte Herr Sch. sonst tun? Arbeiten durfte er nicht. Er konnte doch nicht ständig in seinem Zimmer bleiben. ... Also sparte er sich etwas vom Mittagessen ab und las dann gründlich Zeitungen bei einer Tasse Kaffee.»[289]

Die offizielle Flüchtlingspolitik erfüllte Pestalozzi mit Bitterkeit. Dass sich die Flüchtlinge, wie er schreibt, in der Schweiz nicht heimisch fühlen sollten, dass sie nicht arbeiten durften, dass sie die Wohngemeinde nur mit polizeilicher Erlaubnis verlassen durften, dass sie auf den Ämtern unfreundlich behandelt wurden, dass sie regelmässig ein gelbes Formular erhielten, worin sie zur Ausreise innerhalb bestimmter Zeit aufgefordert wurden – was bei den Betroffenen grossen Schrecken auslöste –, dass sie darüber hinaus bei der geringsten Übertretung polizeilicher Vorschriften «einfach in Zuchthäusern interniert» wurden, solche schikanösen Vorkommnisse erschütterten ihn. Aus seinen Berichten erfährt man auch Details: «Am 16. April 1940 teilte mir der Pfarrer der Strafanstalt St. Jakob mit, dass sich dort 30 Flüchtlinge, 20 Männer und 10 Frauen, und im Saxerriet 4 Männer ... ohne gerichtliches Urteil befanden.» «Oft schämte ich mich vor ihnen.»[290] Eines Tages erfuhr Pestalozzi, dass zwei Berlinerinnen bei St. Margrethen in die Schweiz eingereist, seitdem aber verschwunden seien. Er ging der Sache nach und fand sie schliesslich im Bezirksgefängnis an der Neugasse in St. Gallen, «wo sie schon 7 Wochen lang sassen, weil sie schwarz in die Schweiz gekommen waren. Sie konnten überhaupt nicht verstehen, warum man sie, zwei Damen aus gutem Hause, eingesperrt hatte, nur weil sie gemeint hatten, in das Land der Freiheit zu kommen. Ich verstand es auch nicht.»[291]

Einer der Lieblingssprüche Pestalozzis war: «Wer an Gott glaubt, glaubt nicht alles.»[292] Pestalozzi liess sich auch von der «Obrigkeit» nicht einschüchtern. Anlässlich eines Vortrages von Dr. Heinrich Rothmund im «Schiff» in St. Gallen über «Die Flüchtlingspolitik der Schweiz» hätten Nationalrat H. K. Sonderegger und er, Pestalozzi, Opposition gemacht. Nachher habe es eine private Aussprache mit Rothmund gegeben, «in welcher auch ein Wort der Kritik am Chef der kantonalen Fremdenpolizei (Dr. Studer) fiel, was zu einer gespannten Situation zwischen uns führte. Wir haben es beide nicht leicht genommen. Unsere Beziehungen haben sich erst allmählich wieder gebessert.»[293] «Offenbar wurde mein Eintreten für Wünsche der Flüchtlinge auf verschiedenen Ämtern nicht gern gesehen, was auch verständlich ist. Andrerseits war ich oft sehr enttäuscht und deprimiert, wenn unsere Schützlinge als Menschen zweiten Grades betrachtet und behandelt wurden.»[294] Bei den Behörden habe die Sorge um die Arbeitsplätze und die Angst vor der Überbevölkerung mitgespielt, so der Kommentar Pestalozzis.

An dieser Stelle folgt in leicht gekürzter Fassung die Geschichte der Familie H., wie sie Richard Pestalozzi nach dem Krieg aufgeschrieben hat.[295]

«Anfang Oktober 1939 sandte Dr. Rittmeyer eine Dame mit einem Empfehlungsbrief zu mir, die sich als Frau H.-H. vorstellte. Sie war ... in grosser Sorge um ihren Mann und ihre 15jährige Tochter E., die beide in Frankreich waren. Sie ... hatten in Halle gewohnt. Der Mann, R. H., war Ingenieur und im Bergbau tätig ... . Ihre einzige Tochter liessen sie im Institut Buser in Teufen ausbilden. Da Herr H. zwar evangelisch, aber jüdischer Abstammung war, wurde ihre Existenz immer bedrohter. Einer angekündigten Hausdurchsuchung entzogen sie sich durch die Flucht. Sie kamen nach St. Gallen und lebten zuerst aus eigenem Geld in einer Pension. ... Unterdessen ... hatte sich Herr H. entschlossen, nach Frankreich zu gehen, um sich dort im Bergbau eine Existenz zu gründen. Er nahm seine Tochter mit, für welche er sich bemüht hatte, eine Lehre als Modezeichnerin am hiesigen Gewerbemuseum zu finden. Sie hatte aber keine Erlaubnis dazu erhalten, damit keiner Schweizerin der Platz weggenommen würde. Nun kam sie bei Bekannten in Paris unter und trat dort in eine Lehre ein. Zu Beginn des Krieges wurde Herr H. als Deutscher gefangen genommen und verlebte den harten Winter 1939/40 in einem Gefangenenlager. E. wurde ebenfalls polizeilich eingezogen und bekam den Befehl, Frankreich zu verlassen. Auch wurde sie der Spionage verdächtigt. Die schweizerische Gesandtschaft in Paris konnte nichts tun, da der Grundsatz galt, dass ausgereiste Flüchtlinge nicht wieder in die Schweiz zurückkehren durften. ... Da nahm sich Pfarrer Monod um E. an und setzte sie in einen Zug nach Genf mit einer Empfehlung an Prof. Ad. Keller. ... unterdessen schickte sie Prof. Keller kurzerhand nach St. Gallen.» Dort «konnte ich sie gleich zur Fremdenpolizei mitnehmen. Der stellvertretende Beamte ... erteilte die Aufenthaltsbewilligung. Da wir gerade im Zuge waren, gingen wir miteinander in das Gewerbemuseum ... So konnte E. eine Lehre als Modezeichnerin und Zuschneiderin absolvieren und war darin sehr glücklich. Für die Kosten kam die Flüchtlingshilfe auf, wie auch ... für eine sehr bescheidene Wohnung im Linsebühl. E. wurde dann in der Katharinenkirche von Pfarrer Schmälzle konfirmiert, der aus Liebe zu seiner Frau jüdischer Abstammung, einer Schwester des Pianisten Rud. Serkin, aus Deutschland emigriert war. ... Im Verlauf ihrer Offensive in Frankreich eroberten die Deutschen auch das Kriegsgefangenenlager, in dem Herr H. gefangen war, und befreiten ihre Landsleute. Er aber musste als Jude vor ihnen flüchten. Im Chaos des Zusammenbruchs kam er nach abenteuerlicher Fahrt bis nach Nizza. Dort blieb er völlig mittellos. ... Wir beschlossen, ihm eine monatliche Rente zu gewähren. ... Gegen Ende 1941 aber klangen seine Nachrichten sehr düster. Es bereite sich in Frankreich etwas gegen jüdische Flüchtlinge vor. Er werde seine Frau wohl nie wieder sehen. Es war um die Weihnachtszeit, als sie tief bekümmert zu mir kam. ... in einer schlaflosen Stunde kam mir in den Sinn, Frau H. könnte in Bern ein Gesuch um die Wiedereinreise in die Schweiz einreichen. ... Frau H. ... tat es ..., und ich legte einen empfehlenden Brief bei. Auch baten wir Frau Dr. Kurz um ihre Fürsprache. ... Der Beamte des Einreisebureaus der Stadt St. Gallen teilte mir eines Vormittags telephonisch mit, der Chef der Fremdenpolizei und er hätten beschossen, unser Gesuch .... sei zur Ablehnung zu empfehlen, da der Flüchtling nicht unmittelbar gefährdet sei. ... Da suchte ich ihn zu überzeugen, dass es zu spät sei, wenn der Flüchtling unmittelbar gefährdet sei, dass kein Risiko dabei sei, ihn wieder zu seiner Frau und seiner Tochter zu lassen, dass wir finanziell für ihn aufkommen würden etc. ... Nach einigen Tagen erhielt Frau H. die Mitteilung der eidgenössischen Fremdenpolizei, dass ihrem Mann die Einreise in die Schweiz gestattet werde. ... Als Herr H. die Einreiseerlaubnis schriftlich in Händen hatte, ging er auf die Präfektur und ersuchte um die Bewilligung der Ausreise aus Frankreich. Diese wurde ihm radikal abgeschlagen, da er prisonnier de guerre sei. Einige Wochen später wurde er wegen Spionageverdacht verhaftet. ... ein Polizeioffizier riet ihm, ein Gesuch um Ausreise an die Regierung in Vichy zu richten. ... dann erinnerte ich mich, dass es in Genf ein internationales Hilfskomitee gebe, dessen Sekretärin, Frl. Hohermuth, eine St. Gallerin sei. Sie hätten einen Verbindungsmann in Marseille und würden ihm den Auftrag geben, das Gesuch von Herrn H. zu unterstützen. Dieser Schritt hatte Erfolg. Anfang Mai konnte Herr H. in die Schweiz zu Frau und Tochter zurückkehren. (D. h., kurz vor dem Beginn der Deportationen aus Frankreich.) ... E. wäre gern Bürgerin von St. Gallen geworden, wurde aber abgewiesen. Durch ihre Heirat wurde sie eine Männedörflerin!»

PROTEST GEGEN DIE FLÜCHTLINGSPOLITIK SOMMER 1942 BIS SOMMER 1943

Deportation und Grenzschliessung

Von Kriegsbeginn bis zum kritischen Sommer 1942 war die Zahl der zivilen Flüchtlinge niedrig, unter anderem, da die Bundesbehörden am 17. Oktober 1939 bekräftigten, «Illegale» seien auszuweisen. Vom Frühling 1942 bis zum Juli fanden jedoch mehrere hundert Juden, vor allem aus Holland und Belgien, Aufnahme in der Schweiz. Mitte Juli begannen die Deutschen im besetzten Teil Frankreichs, in Holland und Belgien mit der Verhaftung von Juden, grösstenteils deutschen, die vor dem Krieg Zuflucht in diesen Ländern gefunden hatten. Sie wurden unter unmenschlichen Bedingungen nach Osteuropa deportiert. Die vierte Phase der Judenverfolgung begann, diejenige der physischen Vernichtung der Juden, der «Endlösung», wie Hitler sich euphemistisch ausdrückte. An der westlichen Grenze der Schweiz stauten sich Tausende von verzweifelten Menschen, die der Deportation zu entgehen suchten.

Der Sieg über Hitler stand im Sommer 1942, ein Jahr nach dem Überfall auf die UDSSR, noch keineswegs fest. Die aussenpolitische Kommission des Bundes stufte eine offene Schweiz mit durchlässigen Grenzen als Sicherheitsrisiko ein.[296] Der St. Galler Nationalrat Ludwig Rittmeyer war jedoch gegenteiliger Meinung: Hitler würde immer irgendeinen Grund finden, seine Truppen in die Schweiz einmarschieren zu lassen, unabhängig davon, ob die Grenzen offen waren oder nicht. Am 4. August 1942 beschloss der Gesamtbundesrat, angesichts der steigenden Zahl von Flüchtlingen und des «Schleppertums» sei der Bundesbeschluss vom Oktober 1939 wieder strenger anzuwenden, «auch wenn den davon betroffenen Ausländern daraus ernsthafte Nachteile erwachsen könnten». Darauf, am 13. August, liess Rothmund die Grenze praktisch schliessen.[297] Es gibt keinen Zweifel, dass seit dem Frühling 1942 Juden wie Nichtjuden in der freien Welt bruchstückhaft Informationen über die deutschen Morde an Juden in Osteuropa besassen.[298] Im Juli trafen erste Berichte über die Tötung von Juden mit Blausäure ein.[299] Die Spitzen von Politik und Militär in Bern hielten diese ungeheuerlichen Nachrichten offenbar für nicht glaubwürdig.

Es war nationalem und internationalem Druck, unter anderem den Interventionen von Gertrud Kurz (Leiterin der Flüchtlingshilfe der «Kreuzritter») und des Schweizerischen Evangelischen Kirchenbundes zu verdanken, dass die Grenzschliessung am 25. August gelockert wurde. Im Jahresbericht des SEK über das Jahr 1942/1943 stellte Kirchenbundspräsident Alphons Koechlin fest, «dass das Eidgenössische Justiz- und Polizeidepartement ... unserem dringenden Gesuch Gehör ... schenkte.»[300] Dank der Grenzlockerung gelangten im September fast 3000 Flüchtlinge in die Schweiz.

Empörung bei der evangelischen Jugend

Die Grenzschliessung vom 13. August 1942 und die Berichte über abgewiesene Flüchtlinge, die trotz Zensur durchzusickern vermochten, lösten unter evangelischen Jugendlichen im Kanton St. Gallen, insbesondere in den Kreisen der Jungen Kirche, grosse Betroffenheit aus, und es fehlte nicht an sofortigen Reaktionen. Schon vor 1942 hatten sich viele Jugendliche an den Sammlungen für den «Flüchtlingsbatzen» beteiligt. «Töchter» der JK von Pfarrer Christian Lendi-Wolff, zum Beispiel, sammelten innerhalb von drei Jahren Fr. 5000.-.[301]

Am 30. August 1942 fand im Zürcher Hallenstadion die schweizerische «Landsgemeinde» der Jungen Kirche statt. Die Rede, die Bundesrat von Steiger, Chef des Eidgenössischen Justiz- und Polizeidepartementes (EJPD), vor den über 6000 Jugendlichen hielt, fand Eingang in die Schweizer Geschichtsbücher. Von Steiger gab den jungen Christen zu bedenken: «Wer ein schon stark besetztes kleines Rettungsboot mit beschränktem Fassungsvermögen und ebenso beschränkten Vorräten zu kommandieren hat, indessen Tausende von Opfern einer Schiffskatastrophe nach Rettung schreien, muss hart erscheinen, wenn er nicht alle aufnehmen kann. Und doch ist es menschlich, wenn er beizeiten vor falschen Hoffnungen warnt und wenigstens die schon Aufgenommenen zu retten sucht.»[302] Viele der anwesenden jungen Leute, unter denen sich eine grosse Gruppe aus dem Kanton St. Gallen befand, waren schockiert und empört. Zu jenem Zeitpunkt befanden sich zwischen 7'000 und 9'600 Zivilflüchtlinge in der Schweiz.[303] – Übrigens befand sich auch Kirchenrat Robert Sturzenegger zusammen mit den jugendlichen Zuhörern im Hallenstadion.

Noch vor der Rede vom «vollen Boot», am 27. August, wandte sich die Junge Kirche Kappel SG an Bundesrat von Steiger. Die jungen Toggenburger gaben zunächst ihrer Freude Ausdruck, dass von Steiger der Landsgemeinde «die

Ehre» erweisen werde, um dann mit jugendlicher Unverblümtheit fortzufahren: «Unsere Freude ist aber ernstlich getrübt worden durch die grausame Behandlung, die den Flüchtlingen und namentlich den Juden unter ihnen von Seiten der eidg. Fremdenpolizei zuteil wird. Diese Flüchtlinge fliehen aus einer aller Menschlichkeit baren Wirklichkeit ... zu uns in der Hoffnung, in unserm Lande, das ein an das Kreuz Christi mahnendes Kreuz in seiner Fahne zeigt, mitten in der Welt der Verrohung, des nackten Machtglaubens und der Caesarenvergötterung eine Zuflucht zu finden vor dem sicheren Verderben. ... Wir möchten gerne hoffen, dass an dieser Behandlung der Flüchtlinge untergeordnete Stellen verantwortlich sind. Wir bitten Sie, sehr verehrter Herr Bundesrat, soviel in Ihrer Kraft steht, das Recht zu hüten und ihm Geltung zu verschaffen ... Wir wagen Ihnen das zu sagen ... trotz unserer Jugend daraufhin, dass Sie mit uns sich zur ev.-ref. Kirche bekennen.» Der Brief schliesst in beinahe drohendem Ton: «Wie müsste Ihr Wort ohne Gewicht sein am nächsten Sonntag, wenn wir annehmen müssten, dass dieses Verfahren mit den Flüchtlingen weitergeht!» Unterschrieben ist der Brief vom Leiter der JK Kappel, Emil Rüegg, und von Pfarrer Hans Langenegger.[304]

Tags darauf, am 28. August, schrieben die Mädchen der – der Jungen Kirche angegliederten – Töchtervereinigung Bruggen-Winkeln an Bundesrat von Steiger, sie hätten «in der letzten Woche viel von den verfolgten Flüchtlingen gehört ... und davon, dass die schweizerische Behörde ihnen die Aufnahme verweigern und sie so dem Untergang preisgeben wollte, was wir fast nicht glauben und gar nicht verstehen konnten.» Diese Massnahmen könnten «doch gewiss nicht zum Segen der Schweiz gereichen, da sie gegen das Gebot der Nächstenliebe und Gastfreundschaft verstiessen.» Unterdessen hätten sie nun aber gehört, dass sich der Bundesrat zu einer weitherzigen Anwendung des Asylrechts entschlossen habe, weshalb sie ihm nun auch sagen wollten, mit welcher Erleichterung und Freude sie diese Nachricht aufgenommen hätten und wie dankbar sie seien über «diesen tapfern Entschluss». Sie hofften, dass es dabei bleibe. Im Übrigen gaben auch die «Töchter» von Bruggen ihrer Vorfreude auf die Rede von Steigers in Oerlikon Ausdruck. Der Brief wurde unterzeichnet von Marta Meier und Marta Solenthaler.[305] Die Mädchen von Bruggen werden – wie die Jugendlichen von Wattwil – enttäuscht von Oerlikon nach Hause gefahren sein.

«‹Sie sterben mit wachem Bewusstsein und offener, lauschender Seele während Wochen, bis irgendwo in den Wäldern des Ostens ein trockenes Bellen von Gewehrsalven ihren armseligen Leib erlöst.›»[306] Das las am 7. September die vierzehnjährige Sekundarschülerin Heidi Weber (1928–1993) aus Rorschach in der Zeitung.[307] Aus einem zweiten Artikel erfuhr sie von der dramatischen Rückweisung einer sechsköpfigen jüdischen Familie im Jura, was «Entsetzen und Grauen» bei ihr auslöste.[308] Nach der Schule diskutierte sie mit Schulkolleginnen über diese Nachricht.[309] Heidi Weber entwarf einen Brief an die «Herren Bundesräte», in welchem sie ihrer Empörung Ausdruck gab, «dass man die Flüchtlinge so herzlos wieder in das Elend zurückstösst.» Die Hinausgeworfenen würden «dem sicheren Tod» entgegengehen. Dabei wolle die «Friedensinsel» Schweiz doch eigentlich barmherzig sein. Deshalb bitte sie um die Aufnahme dieser «ärmsten Heimatlosen». – Nicht alle, aber immerhin 21 Mitschülerinnen, evangelische und katholische, setzten ihre Unterschrift unter den Brief.[310]

Das Schreiben irritierte Bundesrat von Steiger auf das Äusserste, besonders der Satz: «Es kann ja sein, dass Sie den Befehl erhalten haben, keine Juden aufzunehmen.» Was von den Sekundarschülerinnen quasi als Entschuldigung für die harte Haltung des Bundesrates gemeint war, fasste von Steiger als ehrenrührigen Vorwurf auf – etwa im Sinne: Der Bundesrat als Marionette der Nazi-Schergen![311] Von Steiger schaltete die Bundesanwaltschaft ein. Man vermutete in Bern, Klassenlehrer Richard Grünberger sei der Drahtzieher. In einem Polizeidokument heisst es ora-kelhaft: «Wir sehen vorläufig davon ab, uns über Herrn Grünberger zu äussern, obschon wir über seine Person ein ziemlich deutliches Bild besitzen.»[312] Der verdächtigte Lehrer wurde vor den Gemeindeschulrat geladen, jedoch «entlastet».[313]

Von Steiger aber verfasste einen vierseitigen, in patri-archalem Ton gehaltenen Brief an «Meine liebe junge Schweizerin», worin er die harte Flüchtlingspolitik mit wirtschaftlichen Argumenten rechtfertigte.[314] Von Politi-kern im Bund wurde ihm abgeraten, den Brief zu publizie-ren. Hingegen wurde auf Anweisung Berns eine schulamt-liche Disziplinaruntersuchung eingeleitet. Die 22 Mädchen wurden durch den Schulratspräsidenten, den Schulvorste-her und den Gerichtsschreiber einzeln aus der Zeichen-stunde herausgeholt und verhört.[315] «Die Atmosphäre war kalt und lähmend.»[316] Heidi Weber gab zu Protokoll, sie, nicht ihr Lehrer, sei verantwortlich für den Brief. «Obwohl man uns keine Vorhaltungen machte, hatten wir durch die Art und Weise des Verhörs den Eindruck, dass unser Idea-lismus von den Erwachsenen ... mit Füssen getreten würde.»[317] Die Mädchen wurden zum Stillschweigen ver-pflichtet. Einige von ihnen, so auch Heidi Weber, wurden durch das Verhör nachhaltig traumatisiert.[318]

Richard Grünberger griff in seinem Geschichtsunter-richt gerne aktuelle Themen auf.[319] Eine Klassenkamera-din Heidi Webers erinnert sich an die vielen Diskussionen in der Schulstube. In solch offener Atmosphäre konnte die Idee zu einem Brief, wie ihn die Mädchen schrieben, gut gedeihen.[320] – Lehrer Richard Grünberger war Mitglied der Synode und einer der Erstunterzeichner der «Motion Kutter» von 1937.[321]

Was im Kontext dieser Studie am Brief Heidi Webers besonders auffällt, sind die biblischen Bezüge. Sie erinnert die Bundesräte an das Jesus-Wort: «Was ihr einem der Geringsten unter euch getan habt, das habt ihr mir getan.» Sodann verweist sie auf die Lazarus-Geschichte. Sogar auf das Jüngste Gericht spielt sie an: «Wenn das so weiter geht (mit den Flüchtlingen), können wir sicher sein, dass wir die Strafe noch bekommen.» Schliesslich belehrt die Vierzehnjährige den Bundesrat: « … der Wille Gottes ist es bestimmt nicht, doch wir haben Ihm mehr zu gehorchen als den Menschen.»[322] Dass Heidi Weber «ein Persönchen» war, wie eine Klassenkameradin erzählt, leuchtet ein.[323] Heidi hatte ihre Kinderzeit in Tanganjika verbracht, wo ihr Vater eine Farm bewirtschaftete. Sie verfügte deshalb über einen weiteren Horizont als ihre Schulkolleginnen in Rorschach, wohin sie kurz vor dem Krieg nach dem frühen Tod ihres Vaters mit Mutter und Zwillingsschwester zurückgekehrt war. Dass sie in ihrem Brief aber so gezielt Bibelzitate als Argumente einsetzte, ist verblüffend.

Heidi Weber blieb ihrer Linie treu. Nach ihrer Konfirmation durch Pfarrer Gottlieb Roggwiller engagierte sie sich neben der Handelsschule in der Jungen Kirche. Gegen Kriegsende, als die Flüchtlingsströme gewaltig anschwollen, arbeitete sie als Rotkreuz-Helferin in Buchs. Nach mehrjähriger Tätigkeit am Bezirksgericht Rorschach entschloss sie sich, die «Schule für soziale Arbeit» in Zürich zu absolvieren, gab diesen Plan aber wegen Heirat auf. Neben der Sorge für ihre Familie übte sie mit ihrem Mann zusammen eine Vormundschaft aus. Ein besonderes Anliegen war ihr die «Dargebotene Hand», bei der sie während Jahren mitarbeitete. Wie ein roter Faden zieht sich das soziale Engagement durch ihr Leben, aber auch das religiöse. Sie trat der Kirchenvorsteherschaft Niederuzwil bei und wurde Synodalin. Briefe der erwachsenen Heidi Weber an Freunde aus den Siebzigerjahren geben weiteren Aufschluss. «Er kann mirs einfach, dieser Christus», steht da etwa zu lesen. Besonders köstlich ist ihr Bericht über Leseerfahrungen mit Karl Barths «Römerbrief»: «Ich schlag den erstgenannten Wälzer auf und erschrecke: Ach Gott, so fromm. Klemme das Fromme unter den Arm und gehe. Im grünlädigen Häuschen beginne ich zu lesen … und lese, lese, lese, lese. … und das Buch … nimmt mich in seinen

Griff. Soli deo gloria (Gott allein die Ehre). ER kann zufrieden sein. Ich gäb was drum, wüsst ich, in welcher Schöpferlaune der Herrgott sich diesen Churchill-Theologen schuf. Mir ist's, der Himmel lache sich ins Fäustchen.»[324]

Laute Stimme der Kantonalkirche?

An der Synode 1941 wurde, «im Sinn des Ersatzes» für den ausgeschiedenen Karl Kobelt, Regierungsrat Dr. E. Graf zum Kirchenrat gewählt.[325] Er war es, der das Bettagsmandat 1942 verfasste. Es ist auf den 19. August datiert, d. h. auf wenige Tage nach der umstrittenen Grenzschliessung vom 13. August. Darin findet sich der Satz: «Wir wollen uns entschlossen hinter unsere Behörden stellen und deren Staatsführung nicht wegen Erlassen, die uns vielleicht nicht besonders angenehm sind oder die wir, in Unkenntnis aller Zusammenhänge, nicht verstehen können, kritisieren.»[326] Die Anspielung auf die Flüchtlingsfrage ist deutlich. Das alte Dilemma, nämlich die Verkoppelung von politischem und kirchlichem Amt und die damit verbundene geteilte Loyalität, wird erneut sichtbar. Im Schlussgebet für den Bettag 1942, das von Pfarrer Werner Tanner formuliert wurde, findet sich hingegen ein Passus, der – vorsichtig zwar – die gegenteilige Botschaft vermittelt:

«Herr, Gott.
Erhalte unser Land als eine Burg
des Rechtes, der Freiheit, der Liebe,
da der Schwache geschont,
der Kranke gepflegt,
der Fremdling behütet wird.
Verleihe unseren Behörden
tapferen, weisen und gottesfürchtigen Sinn.»[327]

Als hoher Offizier hatte Kirchenratspräsident Karl Kobelt seit Kriegsbeginn nur noch sporadisch an den kirchenrätlichen Sitzungen teilnehmen können. Nach seiner Wahl in den Bundesrat Ende 1940 war er völlig ausgeschieden. Vizepräsident Pfarrer Etter führte deshalb faktisch seit September 1939 den Kirchenrat, von 1941 bis 1942 als gewählter Präsident. An der Synode vom Juni 1942 übernahm Pfarrer Robert Rotach das Präsidium.

Von «Beunruhigung, ja Empörung,» ist im Schreiben die Rede, welches der Kirchenrat unter der neuen Leitung am 2. November 1942 an alle evangelischen Kirchenvorsteherschaften und Pfarrämter sandte. Weite Kreise der Schweiz seien von diesen Gefühlen ergriffen worden, «als im August ... eine allzu strenge Grenzkontrolle einsetzte und manche der Armen wieder über die Grenze zurück ins Elend, ja Verderben gewiesen wurden.» Man sei froh über die seither erfolgte Milderung der strengen Praxis. Neben der Fürsorge für die rund 650 evangelischen Flüchtlinge in der Schweiz solle nun auch «den jüdischen Organisationen, die eine von ihnen allein nicht zu bewältigende Aufgabe» zu erfüllen hätten, «von evangelischer Seite eine kleine Hilfe werden». Der Kirchenrat rief das Kirchenvolk zu einer neuerlichen Kollekte zugunsten der Flüchtlinge auf: «Wehe ihm, wenn es seine Samariterpflicht nicht erfüllte und so seinen Dank für soviel Bewahrung nicht leistete. Sein Versagen könnte ihm zum schweren Gerichte werden! So sammelt denn mit Eifer ...! Gemeinden, die den Flüchtlingsbatzen bis jetzt noch nicht eingeführt haben, sind dringlich gebeten, es doch jetzt noch zu tun.»[328] – In keinem der bisherigen kirchenrätlichen Dokumente zur Flüchtlingsfrage wurde in derart lautem und unmissverständlichem Ton gesprochen. Zum ersten Mal verschleierte der Kirchenrat auch nicht, dass ein Teil der gesammelten Gelder Juden zugute kommen sollte, und zwar ungetauften Juden.

Gleichzeitig mit der kirchlichen Kollekte, also im Spätherbst 1942, fand eine eidgenössische interkonfessionelle Sammlung für die Flüchtlinge statt. Zwecks Organisation dieser ersten allgemeinen Sammlung wurde im Raum

St. Gallen und Appenzell die «St. Gallisch-Appenzellische Zentralstelle für Flüchtlingshilfe» ins Leben gerufen. Das Präsidium übernahm Pfarrer Richard Pestalozzi. In einem Brief dankte er Regierungsrat Kessler, dem Vorsteher des Justiz- und Polizeidepartementes (Nachfolger von Regierungsrat Keel), dass er sich mit seinem Namen hinter die Sammlung stelle. Er lud ihn zur Teilnahme an der nächsten «Comité»-Sitzung ein.[329] Schon zwei Tage zuvor hatte Pestalozzi den Regierungsrat um finanzielle Unterstützung der Sammlung gebeten. Diese sei als ein Bekenntnis zum Asylrecht der Schweiz zu betrachten. Im November erhielt Pestalozzi einen abschlägigen Bescheid: ... «nach gewalteter Diskussion wird bei voller Anerkennung der Bedeutung der Sammlung aus finanziellen Erwägungen und der Konsequenzen wegen das Gesuch abgewiesen.»[330] Erst 1944 leistete der Regierungsrat einen Staatsbeitrag für die Flüchtlingshilfe.[331] In Schaffhausen hingegen brachte die öffentliche Hand – Kanton und sieben Gemeinden – Fr. 4'560.- Franken für die allgemeine Sammlung von 1942 auf.[332]

Das Comité der «St. Gallisch-Appenzellischen Zentralstelle für Flüchtlingshilfe» wurde nach dem gemeinsamen «Aufruf» von 1941 zu einem neuen Ansatzpunkt für die innerchristliche Ökumene und für den Dialog mit dem Judentum. Auch der katholische Domdekan, Dr. Augustin Zöllig, gehörte dem Comité an. Die «enge Zusammenarbeit ... mit der katholischen und israelitischen Aktion» wurde auch 1943 fortgesetzt.[333] Bis Anfang Dezember 1942 brachte die allgemeine Sammlung Fr. 84'000.- aus allen Bevölkerungsschichten der beiden Kantone ein.[334] Dazu kamen für die evangelische Seite noch der «Flüchtlingsbatzen» 1942 im Betrag von Fr. 31'223.55 und weitere Spenden sowie die Kirchenkollekte von Fr. 6'705.62.[335] In den evangelischen Kirchen wurde ausserdem eine Kollekte zugunsten des Roten Kreuzes erhoben, die das Resultat von Fr. 4044.01 ergab. Das sind erstaunlich hohe Summen.

Wieder kam es auch 1942 zu Aktionen der kirchlichen Basis: Seit Beginn des Jahres holte das Schweizerische Rote Kreuz (SRK) kriegsgeschädigte Kinder zu einem dreimonatigen Erholungsaufenthalt in die Schweiz. Im Ganzen handelte es sich um zirka 60'000 Kinder.[336] Am 11. Mai 1942 beschäftigte sich das in St. Margrethen tagende Pfarrkapitel Rheintal-Werdenberg mit der Tatsache, dass jüdische Kinder von dieser Aktion ausgeschlossen waren. In einem Brief an den Kirchenrat protestierten die Pfarrer «leidenschaftlich» gegen diese Diskriminierung und riefen ihn auf, «unverzüglich an den Schweizerischen Evangelischen Kirchenbund zu gelangen mit der Forderung, sowohl beim Schweizerischen Bundesrat, als auch beim Schweizerischen Roten Kreuz» zugunsten der jüdischen Kinder vorstellig zu werden.[337] Der Kirchenrat, der die Beunruhigung der Kapitularen teilte, leitete den Brief samt Begleitschreiben an den Kirchenbund weiter.[338] Kirchenbundspräsident Alphons Koechlin, für gewöhnlich einer der aktivsten Vorkämpfer für die Juden, hielt die Sache offenbar für delikat und reagierte vorsichtig: Kirchliche Behörden dürften auf Zeitungsartikel hin nicht «sofort mit Resolutionen und Protesten in die Öffentlichkeit treten».[339] Mit Oberst Remund, dem Rotkreuz-Chefarzt, der für die Kinderaktion verantwortlich war, habe er, Koechlin, bereits vor Eintreffen des Briefes aus St. Gallen im Gespräch gestanden.[340] Remund habe auf die Weigerung der Vichy-Regierung hingewiesen, jüdischen Kindern ein Rückreisevisum auszustellen. Rothmund wolle jedoch keine Judenkinder, bei denen er einen ständigen Verbleib in der Schweiz befürchten müsse.[341] Koechlin scheint aber selbst ein ungutes Gefühl gehabt zu haben. Auf alle Fälle teilte er dem Kirchenrat mit, er schicke einen Brief an das Schweizerische Rote Kreuz, um das Neueste zu erfahren.

In einem Schreiben vom 18. August 1942, also kurz nach der Grenzschliessung, richtete sich der Tablater Pfarrer Hans Böhringer direkt an den Kirchenbundspräsidenten. Der Brief wurde von seinem Amtskollegen Richard

Pestalozzi und den beiden Straubenzeller Pfarrern Peter Walter und Christian Lendi-Wolff mitunterzeichnet.[342] Die Rückweisung der Flüchtlinge, so Böhringer, bedeute, «wie wir alle wissen, schlimmstes Elend und Untergang».[343] Natürlich könne man nicht «alle diese unglücklichen Lagerinsassen» aufnehmen, aber diejenigen, «denen es geglückt ist, der drohenden Hölle zu entfliehen ..., sollten nicht in völlig unchristlicher und unschweizerischer Weise abgewiesen und ihren Peinigern ausgeliefert werden. So weit dürfen wir dem Druck der momentanen politischen Verhältnisse doch nicht nachgeben, ohne uns ... an der gottgesetzten Mission unseres Kleinstaates als Friedens- und Rettungsinsel für viele zu versündigen.» Es gehe um «das nackte Leben von Mitmenschen ... (Mt 25,31-46).» Der Kirchenbundspräsident möge sofort bei Bundesrat von Steiger vorstellig werden. Koechlin antwortete umgehend, er habe bereits eine Eingabe nach Bern gesandt. Er werde am nächsten Tag hinfahren und bestrebt sein, «alles nur Mögliche zugunsten der Flüchtlinge zu erreichen.»[344] Mitte Oktober 1942 wandte sich Böhringer erneut an Koechlin: Wie er aus zuverlässiger Quelle erfahren habe, sei die Westgrenze mit Soldaten besetzt und mit Stacheldraht versehen worden. Das sei nicht nur wegen der Flüchtlinge abzulehnen, sondern bedeute auch einen «argen Missbrauch» der Soldaten. Koechlin schenkte der Mitteilung Böhringers zunächst keinen Glauben, sie wurde dann aber aus Genf bestätigt.[345]

Spätestens vom Sommer 1942 an wurde die «Flüchtlingsfrage» eine wichtiges Thema in den Pastoralvereinen der drei st. gallischen Pfarrkapitel. Drei Pfarrer, Peter Walter in St. Gallen, Hans Langenegger im Toggenburg und Herbert Hug im Rheintal, sprachen über dasselbe Thema: «Die Hoffnung der Kirche und die Juden.»[346] – Pfarrer Christian Lendi-Wolff warnte: «Unsere Augen sind voll Schlafs, wie die Augen der Jünger in Gethsemane. ... Wir schlafen und wir geschäften und wir amüsieren uns fast ungestört weiter, ungestört durch den Jammer der Flüchtlinge, die an unsern Grenzen letzte Zuflucht suchen und zurückgestossen werden. Ja, wir sind doch eigentlich dankbar – ohne es uns einzugestehen –, dass die kluge Staatsräson es verhindert, dass ein gehetzter Flüchtling sich plötzlich auf unser Plüschsofa setzt und unsere schönen gehäkelten Deckeli und gestickten Kissen durcheinander bringt ...» Pfarrer Walter doppelte nach: «Das Evangelium hat etwas zu sagen ... zu unserer Härte am falschen Ort, die gar eng zusammenhängt mit unserer Nachgiebigkeit am falschen Ort. Das Evangelium verbietet es, dazu zu schweigen, wenn Menschen wie Vieh (nach ihrer ‹Rasse›) beurteilt und schlimmer als Vieh behandelt werden.»[347]

In den beiden Grenzorten St. Margrethen und Rorschach wurden die Pfarrfamilien direkt mit den Flüchtlingen konfrontiert. Die Frau des Pfarrers von St. Margrethen, Anna Fischer-Stähli, übernahm 1942 die Betreuung des dortigen Flüchtlingspostens des Roten Kreuzes. Sie schreibt: «Das ‹Chefi› im Bürgerheim, wohin die Flüchtlinge meist in der ersten Nacht kamen, wurde mir ... eine bekannte Stätte. Der niedrige viereckige Lehmofen trocknete nicht nur Papiergeld, Schriften und Lumpen, er taute auch Herzen und Gemüter auf.»[348] Berührend ist die Geschichte der achtzehnjährigen Maria C.: «Durchs Pfarrhaus schrillte nach Mitternacht die Glocke. ... In der kalten Winternacht standen vor der Türe zwei fremde Männer, in einer Bad- und einer Unterhose, schlotternd hinter ihnen ein junges Mädchen. ‹Wasser schon hier, ...› jammerte es und zeigte auf seinen Hals.» Das Mädchen war nicht nur völlig durchnässt vom Durchqueren des alten Rheins, sondern auch verletzt vom Stacheldrahtverhau. Doch triumphierend zeigte es ein Bündel Photos, das es beim Schwimmen in der Hand gehalten hatte. Frau Fischer nahm das Mädchen und seine beiden Leidensgenossen herein, gab ihnen Kleider, machte heissen Kaffee und wies ihnen ein Bett zu. Die zwei Männer stammten aus Griechenland, das Mädchen aus der Ukraine. Alle drei waren orthodoxen Glaubens. Sie hatten der Zwangsarbeit entrinnen können. Das Mädchen erzählte, es sei «vor geladener Pistole» von zu Hause fortgeführt und nach Deutschland verschleppt worden.[349] Ein weiteres Beispiel: Eines Nachts stand ein jüdischer Flüchtling vor dem unweit der Grenze gelegenen Pfarrhaus. Der Sigrist brachte den gehetzten Mann auf Weisung des Pfarrerehepaars in den sicheren «Sonneblick» in Walzenhausen.[350]

In Rorschach nahm sich der vielbeschäftigte Pfarrer Roggwiller – er hatte 5000 Gemeindeglieder zu betreuen – der Flüchtlinge an. Beim Eindunkeln standen manchmal «Illegale» an der Haustüre, denen er unkompliziert weiterhalf. Die Haushalthilfe der Pfarrfamilie begleitete einst abends den Pfarrer in den ziemlich weit oberhalb der Stadt Rorschach gelegenen Friedhof. Dort half sie mit, müde jüdische Flüchtlinge zu verpflegen. Roggwiller zeigte ihnen den Weg ins Innere der Schweiz. Diese Episode muss nach dem 29. Dezember 1942 stattgefunden haben. An diesem Datum erliess der Bundesrat nämlich die Weisung, zivile Flüchtlinge seien nicht nur an der Grenze aufzuhalten und zurückzuschicken, sondern auch innerhalb eines Grenzstreifens von zehn Kilometern.[351]

Robert Sturzeneggers Rolle im Kirchenbund

Anfang Juni 1941 trat der Basler Theologe Alphons Koechlin sein Amt als Präsident des SEK an, nachdem er schon seit 1935 Mitglied des Vorstandes gewesen war. Eine seiner ersten Amtshandlungen bestand in der Begrüssung von Robert Sturzenegger als neuem Vorstandsmitglied. Dieser sei ihm als eine Persönlichkeit vorgeschlagen worden, die in «besonderer Weise geeignet sei, in jetziger Zeit an den Arbeiten unseres Vorstandes teilzunehmen». Sturzeneggers Wahl sei «mit grossem Vertrauen ... und wirklicher Freudigkeit» vollzogen worden. Die Erwartungen, die Koechlin in Sturzenegger setzte, waren gross.[352]

Bereits vor dem Krieg war der SEK mehrmals wegen der Flüchtlinge im Bundeshaus vorstellig geworden.[353]

Doch volle Einigkeit herrschte nicht im Vorstand. Im Frühling 1942 gab sich der Berner Vertreter, Prof. M. Haller, überzeugt, dass man den Juden den grössten Dienst erweise, wenn man so wenig wie möglich von ihnen spreche. Auch sei zu befürchten, dass die Schweiz nach dem Krieg von Juden überrannt werde. Noch im November 1942 äusserte er die Meinung, unter den Flüchtlingen gebe es «des indésirables» et «des élégants! Soyons prudents sinons nous ne voulons pas qu'en Suisse se pose la question juive.» Robert Sturzenegger wurde zum dezidierten Kontrahenten Hallers: »L'Eglise se trouve ici en face d'un devoir de charité, auquel elle ne saurait se dérober. ... en présence de certains faits navrants, qui se passent encore à la frontière, *nous ne pouvons pas garder le silence.* ... il faudrait pouvoir obtenir l'entrée chez nous d'un plus grand nombre de réfugiés ...[354]» Sturzenegger erntete mehr Widerspruch als Zustimmung für sein Votum.

Im August 1942, kurz nach der Grenzschliessung, kam es zu einem bedeutungsvollen und in seiner Art einmaligen Briefwechsel zwischen Sturzenegger und Koechlin. Am Anfang steht ein Brief Sturzeneggers vom 19. August, in dem es um eine holländische Jüdin geht, welcher es geglückt war, samt vierjährigem Kind und Ehemann die Grenze im Jura zu überschreiten. Sturzenegger hatte die Nachricht erhalten, die junge Frau – Tochter eines Geschäftspartners – liege verletzt im Spital. Sofort war er an ihr Krankenbett geeilt. Die junge Frau, schreibt Sturzenegger, fürchte die Ausweisung und zittere um das Leben ihrer Familie. «Es ist mir ... kaum je so deutlich geworden, wer jetzt unser Nächster ist, als in dem Augenblick, als ich jener Frau gegenübersass.» «Wir sind nicht deshalb verschont geblieben, um uns möglichst von allen Schwierigkeiten fern zu halten. ... Meiner Überzeugung nach ist es Pflicht des K. B. (Kirchenbundes), bei den Bundesbehörden vorstellig zu werden, um eine Milderung der Bestimmungen zu erreichen.» Im Übrigen bezweifle er die Gefahr einer «Überschwemmung» mit Flüchtlingen, da die polizeilichen Kontrollen in Frankreich sehr streng seien. Am Schluss seines Briefes wiederholte Sturzenegger seine Forderung: «Der K. B. *muss* einschreiten», und zwar ohne die in zwei Wochen stattfindende Vorstandssitzung abzuwarten. (Das «muss» wurde von Sturzenegger unterstrichen.)[355] Tags darauf hakte er nach: Koechlin möge sich bei den Bundesbehörden speziell auch für die holländische Familie stark machen.[356]

Postwendend antwortete Koechlin, er habe bereits vor Erhalt des Briefes Sturzeneggers eine Eingabe an Dr. Rothmund gemacht und um eine Besprechung nachgesucht. Er wolle sich vielleicht auch an von Steiger persönlich wenden.[357] An die Adresse Sturzeneggers hält er fest: «Ich bin ganz mit Ihnen einverstanden, dass wir in dieser Sache ohne Verzug alles nur Mögliche tun sollen ... ohne Deckung durch den Vorstand.»[358]

Die überaus wichtigen Interventionen Koechlins beim Bund wurden also nur von ihm selbst und von Sturzenegger verantwortet. Am 21. August sprach Koechlin bei Rothmund vor, wobei er auch den Fall der holländischen Familie erörterte. Diese konnte schliesslich in der Schweiz bleiben. Am 21. August erliess Koechlin sein berühmtes Pressecommuniqué, worin er festhielt, der Vorstand des SEK sei schriftlich und mündlich bei kompetenten Bundesinstanzen vorstellig geworden. «Er (der Kirchenbund) betrachte es als ein Gebot christlicher Nächstenliebe und als humanitäre Verpflichtung der Schweiz, die Emigranten, deren Leben aufs ernsteste bedroht erscheint, nicht aus unseren Grenzen auszustossen.»[359] Am 22. August wandte sich Koechlin schriftlich an den in den Ferien weilenden Bundesrat von Steiger.[360] Wenige Tage später führte er mit ihm ein persönliches Gespräch. In den Briefen an Rothmund und an von Steiger nahm Koechlin teilweise Argumente und Formulierungen Sturzeneggers auf.[361]

Die Interventionen Koechlins und anderer Persönlichkeiten hatten, wie bereits erwähnt, Erfolg: Die Grenze wurde einen Türspalt breit geöffnet, einige Tausend Menschen erhielten Einlass.[362]

Am 26. September 1942 wurde die Grenze erneut geschlossen. Im «Ludwig-Bericht» wird die Zahl der zivilen Flüchtlinge, die Anfang Oktober in der Schweiz lebten, auf 11'800 geschätzt.[363] Nachdem Sturzenegger im Oktober von Koechlin von «grässlichen Selbstmorden und Selbstmordversuchen dieser Ärmsten», denen die Flucht nicht geglückt war, erfahren hatte, drängte sich für ihn «ein Vorstoss unsererseits wieder» auf.[364] Am 11. November, nach der Besetzung Südfrankreichs durch die deutsche Armee, wandte sich Koechlin erneut an von Steiger mit der Bitte, den Flüchtlingen den Übertritt über die Grenze und den Aufenthalt in der Schweiz so weit wie möglich zu gewähren.[365] Das geschah tatsächlich ein Stück weit.

Sturzenegger stärkte dem in der Sache entschiedenen, in der Methode aber eher zurückhaltenden Koechlin den Rücken wie kein anderes Vorstandsmitglied des SEK.

Umstrittene Resolution der Synode 1943

Am 29. Dezember 1942 erfolgte erneut eine Wende im Zickzackkurs der eidgenössischen Flüchtlingspolitik. Tendenziell wurde die Abweisung der Flüchtlinge an der Grenze zum Normalfall erklärt. Sollten sie innerhalb eines Grenzstreifens von 10 Kilometern aufgegriffen werden, waren sie ebenfalls auszuschaffen.[366]

Als Sturzenegger davon erfuhr, schrieb er an Koechlin: «Ich renne vermutlich offene Türen ein, wenn ich Ihnen berichte, dass anscheinend die Praxis gegen jüdische Flüchtlinge wieder eine ... unzulässige Verschärfung erfahren hat.» Nach Sturzeneggers Meinung drängte sich eine erneute Intervention bei den Bundesbehörden auf.[367] Koechlin und Sturzenegger gingen zusammen ins Bundeshaus. Sie wurden von Dr. Jezler, dem Adjunkten und Stellvertreter Rothmunds, empfangen. «Die Aussprache scheint wenig ergiebig gewesen zu sein.»[368]

Auch der Leiter der st. gallischen Flüchtlingshilfe, Richard Pestalozzi, war tief besorgt. Nach dem Vorbild der Synode Basel-Stadt gedachte er, der Synode von Ende Juni 1943 eine Resolution vorzulegen. Sturzenegger informierte Koechlin darüber. Er schloss seinen Brief mit dem Satz: «Es geht doch um eine Glaubensfrage: Trotz den grossen nicht zu leugnenden Schwierigkeiten dürfen wir die Grenze nicht für ganze Kategorien schliessen.»[369] Koechlin antwortete, er habe nach dem 29. Dezember 1942 schon mehrfach im Bundeshaus verhandelt. Er wolle sich zwar nicht wehren gegen die St. Galler Resolution. «Dass ich aber Freude daran hätte, wäre zu viel gesagt.»[370]

Pestalozzi hielt an seinem Plan fest und legte der Synode den folgenden Text vor:

«Die evang. Synode des Kantons St. Gallen nimmt mit Beunruhigung von den Weisungen der eidgenössischen Fremdenpolizei an die Grenzorgane über die Rückweisung oder Aufnahme illegal einreisender Ausländer und deren praktischen Auswirkungen Kenntnis. Sie stellt mit Bedauern fest, dass diese eine Verschärfung des Vorgehens den Flüchtlingen gegenüber bedeuten, mit welcher sich die verantwortlichen Organe der evang. Kirche nicht einverstanden erklären können, sie ersucht deshalb den Vorstand des evang. Kirchenbundes dringend, in seinen Bemühungen um eine bessere Wahrung des Asylrechtes und eine humanere Haltung den Flüchtlingen gegenüber nicht nachzulassen, bis eine befriedigende Lösung getroffen sein wird.»[371]

Kirchenrat und Regierungsrat Dr. Graf wandte sich gegen die Resolution, da sie den Kirchenbund «in Verlegenheit» bringen könnte. Sekundarlehrer Beerli von Rapperswil rief hingegen «zur helfenden Tat» auf, und Pfarrer Peter Walter wies auf die «ernste Verpflichtung» hin, «die die Kirche nach Gottes Wort gegenüber dem hilfsbedürftigen Fremdling zu erfüllen» habe. Sturzenegger nahm eine vermittelnde Position ein: Im Bundeshaus seien dem Kirchenbund «beruhigende Zusicherungen» gemacht worden, wonach der Prozentsatz der Zurückgewiesenen nicht

90 Prozent betrage, wie gewisse Kreise befürchteten, sondern «nur» 19 Prozent. Monatlich würden 400–600 Personen aufgenommen.[372] – Der Resolution wurde von der Synode «mit Mehrheit» zugestimmt.[373]

Kirchenbundspräsident Koechlin war wenig erbaut darüber. Er war schon seit der – vorübergehenden – Öffnung der Grenze im Spätsommer 1942 für eine Mässigung der Kritik an den Bundesbehörden eingetreten. Er und andere Kirchenvertreter konzentrierten sich jetzt vorwiegend auf die Rettung einzelner Verfolgter, wozu die Zusammenarbeit mit den politischen Behörden unerlässlich war.[374]

Die Meinungsdifferenz zwischen Koechlin und der St. Galler Kirche zeigt, wie schwierig die Frage der Taktik gegenüber den politischen Behörden war. Das intensive Gespräch, auf das sich Koechlin mit «Bundesbern» eingelassen hatte, führte zur Aufnahme einzelner «privilegierter» Flüchtlinge und generell zu einer milderen Praxis an der Grenze, bedeutete aber die Absage an den Protest und bis zu einem gewissen Masse auch die Verstrickung in die offizielle Flüchtlingspolitik. Die Frage, welche Taktik erfolgreicher war, leise Diplomatie, für die sich Koechlin im Herbst 1942 entschieden hatte, oder laute Kritik, lässt sich nicht entscheiden. Die Zahl der Zivilflüchtlinge in der Schweiz wuchs im Verlauf des Jahres 1943 um etwa 18'000 Menschen auf 30'761 Personen an, davon 70 Prozent Juden.[375]

Die Freiplatzaktion

Wenige Tage nach der Synode 1943 lud der Kirchenrat die Kirchenvorsteherschaften und Pfarrämter «dringend ein, so rasch als möglich» die Frage zu klären, in welcher Art und Weise sie sich an der Freiplatzaktion beteiligen könnten. Diese war von Pfarrer Paul Vogt – jetzt vollamtlicher «Flüchtlingspfarrer» – ins Leben gerufen worden. «Es handelt sich hier um eine Ehrenpflicht ...», schrieb der Kirchenrat fast beschwörend. «Wo ein Wille ist, ist auch ein Weg!» Laut dem Schreiben ging es gesamtschweizerisch um rund 1200 Schützlinge, die der Hilfe der Kirche anvertraut waren. «Wir danken allen, die mithelfen wollen, das Los der Unglücklichen zu mildern.»[376] – Seit 1940 führte der Bund Arbeitslager und Heime für die Flüchtlinge. Oft wurden die Ehepaare und die Familien dabei auseinandergerissen. Die «Freiplätze» waren gedacht für ältere oder kranke Flüchtlinge und für Mütter mit Kleinkindern, also Menschen, welche den Strapazen des Lagerlebens nicht gewachsen waren.

Im Kanton St. Gallen sind 29 Flüchtlinge, die in den Genuss der Freiplatzaktion kamen, amtlich dokumentiert.[377] Vollständig ist diese Liste aber nicht, wie Gespräche mit Zeitzeugen zeigen. So versicherte Pfarrer Peter Walter, er habe nicht nur einen einzelnen männlichen Flüchtling in seinem Haus beherbergt, wie die Akte angibt, sondern auch dessen Frau: Das ältere jüdische Ehepaar aus Belgrad wohnte während anderthalb Jahren bei der sechsköpfigen Familie im Pfarrhaus Bruggen. – Eine andere Personenakte verzeichnet einen Flüchtling aus Österreich, der Ende 1938 mit der Einreiseerlaubnis Grüningers in die Schweiz gelangte, bei Pfarrer Eduard Schweizer in Nesslau Aufnahme fand und noch vor Kriegsausbruch weiterreiste. Es steht aber nichts davon, dass die Pfarrfamilie Schweizer 1943 ein jüdisches Ehepaar aufnahm, mit dem es noch Jahre nach dem Krieg den Kontakt aufrechterhielt.

Von den offiziell verzeichneten Flüchtlingen waren 25 jüdischen Glaubens. Drei Personen waren evangelischer und eine Person katholischer Konfession. In zwei Fällen handelte es sich um Kinder. Ein jüdischer Flüchtling kam im katholischen Kreuzstift in Schänis unter, ein jüdisches Ehepaar im Kloster Scholastika in Tübach. Der einzige katholische Flüchtling, ein Priester, wurde als Seelsorger in den beiden Auffanglagern Obertoggenburg und Bühler eingesetzt. Die restlichen 25 Flüchtlinge (und weitere) fanden in evangelischen Pfarrhäusern oder in Heimen Unterschlupf. Bei den Gastgebern stösst man auf die von ihrem Einsatz für die Flüchtlinge her vertrauten Namen Eduard Schweizer, (3 Gäste), Hans Böhringer (2 Gäste), Peter Walter (2 Gäste) und Ernst Etter (2 Gäste), aber auch auf Namen bisher wenig genannter Pfarrer wie Paul Frehner und Carl Gsell von Wattwil, Paul Trüb von Flawil, Peter Rotach (Sohn des Kirchenratspräsidenten) von Sevelen und Hugo Heller von Hemberg. Je zwei Flüchtlinge fanden Unterkunft in den evangelischen Heimen Bellevue in Amden und «Gott siegt» in Hemberg, wobei Kirchgemeinden die Finanzierung übernahmen. Die evangelische Kirchgemeinde Rorschach beherbergte und unterstützte zwei jüdische Familien.[378] Auffallend ist das fast vollständige Fehlen von «Laien» bei dieser Aufzählung. Man kann aber davon ausgehen, dass viele von ihnen bei der Ferienkinderaktion des Schweizerischen Roten Kreuzes beteiligt waren, einige wohl auch bei der vom SHEK organisierten privaten Unterbringung jüdischer Kinder aus den Lagern, wozu vermutlich der Kantonsschüler bei der Familie Sturzenegger gehörte.

«Ein schöner Erfolg» der intensiven Bemühungen von Pfarrer Pestalozzi war es, dass der Stadtrat St. Gallen 40 Plätze für die Freiplatzaktion gestattete.[379]

Dürfen Flüchtlinge heiraten?

Am 8. Juli 1943 gelangte der Kirchenrat an den Regierungsrat in einer Sache, die auf den ersten Blick eher nebensächlich erscheint, heiratswillige Flüchtlinge aber hart traf. Diese hatten nämlich eine Kaution von Fr. 4000.- zu hinterlegen. Der Kirchenrat schreibt: «Der hohe Betrag (ungefähr das damalige Jahressalär eines Pfarrers) hat ganz unbestreitbar für die Flüchtlinge ehehindernd gewirkt und dazu geführt, dass infolgedessen sogenannte Verhältnisse entstanden sind, die für den Stand der öffentlichen Sittlichkeit schädigend wirken. Jüdische Flüchtlinge, die sich durch ein solches ungeregeltes Verhältnis seelisch bedrückt fühlen, haben vor dem Rabbiner Ehegelübde eingegangen, denen nun doch die rechtliche Grundlage fehlt, weil keine Ziviltrauung möglich war.»[380] In höflichem Ton bittet der Kirchenrat den Regierungsrat, auf seinen Beschluss «im Sinne einer Milderung zurückzukommen».

Der Regierungsrat gab eine Antwort auf fünf eng beschriebenen Seiten: In Bezug auf die Bewilligung von Emigranten-Eheschliessungen habe das zuständige Departement des Innern «seit Eintritt des Flüchtlingsstromes in die Schweiz eine zurückhaltende Stellung eingenommen». Die meisten Ehewilligen seien staatenlos (die deutsche Regierung hatte den Juden unterdessen die Staatsbürgerschaft abgesprochen) und könnten deshalb nicht die notwendigen Papiere vorlegen. Da sich wegen der Unmöglichkeit der Ausreise der Flüchtlinge für den Kanton ein Risiko ergebe, habe er Anfang 1943 im Sinne einheitlicher Richtlinien eine Kaution von Fr. 4000.- festgelegt. Der Regierungsrat gibt zu, «dass die Höhe der Kaution in verschiedenen Fällen ehehindernd gewirkt hat, indem es den Flüchtlingen meistens nicht möglich ist, diese Kaution aufzubringen. Im Übrigen» sei «anzuerkennen, dass die jüdische Flüchtlingshilfe ihrer Verpflichtung, für den Unterhalt der Flüchtlinge zu sorgen, weitgehend nachgekommen ist.» Schliesslich ringt er sich zur Antwort durch, es könne «im Sinne der Milderung des schweren Loses der Emigranten in einzelnen Fällen besonderer Würdigkeit eine Herabsetzung der Kautionspflicht ... erfolgen. Dies dürfte auch dann zutreffen, wenn die Braut Schweizerbürgerin ist und durch die Eheschliessung mit einem staatenlosen Ausländer ihr angestammtes Bürgerrecht ... beibehalten kann. Die gleiche Regelung soll auch eingehalten werden für Emigranten, die in einem Arbeitslager interniert sind; immerhin mit der Einschränkung, dass die Traubewilligung nur dann zu erteilen ist, wenn die Aufnahme der ehelichen Gemeinschaft in einem gemeinsamen Haushalt möglich ist.»[381]

Die gewundene Antwort bedeutete ein nur halbes Entgegenkommen. So gab der Regierungsrat nicht an, um

wieviel er allenfalls die Kautionssumme zu senken gedachte. Er schrieb von «besonderer Würdigkeit». Und da
die Arbeitslager in der Regel geschlechtergetrennt geführt
wurden, war ein gemeinsamer Haushalt in diesem Fall gar
nicht möglich. Unterzeichnet ist der Brief des Regierungsrates ausgerechnet von Kirchenrat Dr. Ernst Graf, dem
Landammann des Jahres 1943.

Im Bettagsmandat desselben Jahres gab der Kirchenrat
noch einmal seiner tiefen Erschütterung über das schwere
Los der Juden und anderer Kriegsopfer Ausdruck: «Unsere
Herzen bluten beim Gedanken an das Elend der vielen, die,
ihr nacktes Leben zu retten, flüchtig geworden sind, deren
Familien erbarmungslos auseinandergerissen wurden, und
die nun heimatlos, einsam und verlassen in der Welt um-
herirren oder in Flüchtlingslagern Aufnahme gefunden
haben.»[382]

DAS EHEPAAR LUDWIG UND DORA RITTMEYER

Unter dem Titel «Der Zufall hat mein Leben gerettet»
berichtet das St. Galler Tagblatt vom 5. Januar 1999 vom
jüdischen Mädchen Ruth Westheimer, das den Krieg in der
Ostschweiz überlebte. Dr. Dora J. Rittmeyer-Iselin war
eine der Verantwortlichen des «Schweizerischen Hilfswerks
für Emigrantenkinder» (SHEK), dem Ruth Westheimer die
Rettung verdankte.[383] – Der «Bergier-Bericht» nennt an
vier Stellen voll Anerkennung ihren Gatten, den St. Galler
Rechtsanwalt Dr. Ludwig Rittmeyer, der als Offizier der
Heerespolizei und als freisinniger Nationalrat an vorderster
Stelle gegen den Totalitarismus und für eine menschliche
Flüchtlingspolitik kämpfte.[384] – Was das Ehepaar Rittmeyer aus christlich-humanitärer Gesinnung geleistet hat,
verdient es, in diesem Rahmen eingehend gewürdigt zu
werden.

Dr. iur. Ludwig Rittmeyer 1897–1963

Ludwig Rittmeyer gehörte zu den stadtbekannten Persönlichkeiten.[385] Extravertiert, spontan, grosszügig, von stupender Arbeitskraft, gründlich, hoch intelligent, gelegentlich draufgängerisch und scharfzüngig sei er gewesen. Der «gewiegte Jurist» habe als «glänzender Redner» gegolten.

Seine Mutter hatte nach dem frühen Tod ihres Gatten seelischen Halt in der Evangelischen Gesellschaft gesucht. In diesem frommen Milieu erfolgte Rittmeyers religiöse Sozialisation. Der damalige Pfarrer der Gesellschaft, der «im strengsten Pietismus wurzelnde» Wilhelm Schlatter, konnte dem «kritischen jungen Menschen ... nicht das geben, was er suchte».[386] So blieb er «ein ewig ringender Mensch, ... den die Fragen nach den letzten Dingen nie losliessen, der sich zwar von allem, was nach religiösem Zwang aussah, mit Entschiedenheit abwandte, der der offiziellen Kirche mit Misstrauen gegenüberstand, der aber ein Gottsucher bis an sein Ende blieb».[387] Dekan Christian Lendi-Wolff sagte beim Trauergottesdienst für Ludwig Rittmeyer in der St. Mangenkirche: «... er war zeit seines Lebens misstrauisch gegenüber der Erforschlichkeit Gottes in irgendeiner frivolen oder frommen Form.» Ein «unentwegt Fragender» sei er geblieben, «ein Mahner ..., die Unerforschlichkeit Gottes ehrfürchtig zu bedenken.» Und, fuhr er fort: «Er liess sich nichts entgehen, was moderne Denker über die letzten Fragen dachten.»[388]

Rittmeyer war im Besitz einer reichhaltigen theologischen Bibliothek. Er las die Werke von Barth, Bultmann und Brunner nicht nur, sondern unterstrich wichtige Stellen und versah sie mit Randglossen. Was die Flüchtlinge betraf, so teilte Rittmeyer die Meinung Barths uneingeschränkt. Wenn Pfarrer Lendi-Wolff in seiner Trauerpredigt die menschliche Anteilnahme an seinen Klienten betonte, gilt das auch für die Juden.[389] Rittmeyer war ein unkonventioneller Protestant, aber beseelt von christlichem Ethos. Gleichzeitig war er den Werten der Aufklärung verpflichtet und verstand sich durch und durch als Liberaler.

Ludwig Rittmeyer wurde 1933 Präsident der «Jungliberalen Bewegung», die sich den Kampf gegen antidemokratische Tendenzen in der Schweiz zum besonderen Anliegen machte. [390] Ende 1933 schrieb er an die Adresse der Frontisten und gewisser schwankend gewordener Bürgerlicher, wer nach einer «starken Hand» rufe, «der ruft den Untergang der Schweiz.»[391] Als Rittmeyer am 17. Juni 1933 an einer öffentlichen Versammlung der «Nationalen Front» in St. Gallen das Wort ergreifen wollte, wurde er vom «Saalschutz» nicht nur am Reden gehindert, sondern tätlich angegriffen.[392] Der Versuch der Jungliberalen, der Gefahr des Totalitarismus langfristig mit einer Totalrevision der Bundesverfassung zu begegnen, stiess auf keine Gegenliebe. Erfolgreich waren sie hingegen mit ihrer Forderung, Sargans zu einer Festung auszubauen. – 1940 übernahm Rittmeyer das Präsidium der kantonalen freisinnigen Partei.

1935 stürzte sich Rittmeyer in seine neue Aufgabe als Nationalrat. Nach Ausbruch des 2. Weltkrieges wurde er auch noch Polizei- und Rechtsoffizier im Territorialstab 7.[393] In dieser Funktion wurde er gelegentlich mit Flüchtlingen konfrontiert. Der «Bergier-Bericht» schreibt: «Zu den im Thurgau weggewiesenen Jüdinnen und Juden gehörte das Ehepaar Ruth und Lothar H. Die beiden hatten Berlin im Herbst 1941 verlassen und waren mit einem Gummiboot über den Bodensee in die Schweiz gerudert. Der zuständige Offizier der Heerespolizei (Ludwig Rittmeyer) ... weigerte sich, das Ehepaar wegzuweisen, weil – wie er seinen Entscheid begründete – ‹die gegenwärtige› Praxis zum Himmel schreit und eine Schande für uns ist›. Gegen seinen Willen wurden Ruth und Lothar H. wenige Tage nach ihrer Einreise nach Deutschland ausgeschafft. Rittmeyers Vorgesetzte, die Offiziere der Polizeisektion des Armeekommandos, hatten die Wegweisung mit der Zustimmung der Polizeiabteilung des EJPD durchgesetzt.»[394] –

Am 12. Dezember 1941 reichte Rittmeyer im Nationalrat folgende Interpellation ein: «Ist der Bundesrat bereit, entsprechend dem Empfinden der Schweizerbevölkerung zur Tradition zurückzukehren, nach der entflohene Kriegsgefangene nicht ausgeliefert werden, und somit die geflohenen Polen nicht mehr nach Deutschland zurückzuschieben?» Die Frage provozierte einen regen Schriftwechsel. Der schweizerische Gesandte in Berlin, Minister Frölicher, hatte einige Monate zuvor erklärt, es sei falsch zu behaupten, zurückgewiesene Polen seien erschossen worden oder könnten erschossen werden. Am 10. Oktober 1942 berichtete die «Schaffhauser Arbeiterzeitung» allerdings über Hinrichtungen polnischer Kriegsgefangener im deutschen Grenzgebiet.[395]

Nach der Flüchtlingswelle vom Sommer 1942, der Grenzschliessung und -wiedereröffnung wurde auf Ende September eine grosse Flüchtlingsdebatte im Nationalrat anberaumt. Von Steiger verteidigte die bundesrätliche Politik. Aus dem bürgerlichen Lager erfuhr er viel Zustimmung. Neun Nationalräte, neben Sozialdemokraten auch der Basler Liberale Albert Oeri und der freisinnige Ludwig Rittmeyer, kritisierten die bundesrätliche Flüchtlingspolitik. Rittmeyer betonte, die Interventionen der protestantischen Kirche und der Flüchtlingsorganisationen nach der Grenzsperre zeigten, dass auch Bürgerliche für die Aufnahme der Flüchtlinge einstünden. Man müsse zwar den Verstand, letztlich aber «*das Gewissen sprechen lassen*», auch wenn daraus Schwierigkeiten resultierten. Deserteure und politische Flüchtlinge nehme man auf, weil ihr Leben gefährdet sei. «Wenn der Bundesrat konsequent sein wollte, müsste er auch diesen Leuten (den Juden) die Grenze öffnen, weil wir uns ja alle klar darüber sind, dass die Konsequenzen, die dieser Leute im Falle der Zurückschiebung harren, genau die gleichen sind ... Es mag eine Nuance anders sein, indem vielleicht nicht ohne weiteres ein Füsilieren stattfindet. Die Männer werden zu Sklavenarbeit verschickt, was mit Frauen und Kindern geschieht, können wir uns etwa vorstellen.»

Rittmeyer setzte sich im folgenden mit den von seinen Vorrednern genannten Wegweisungsgründen auseinander: «... ich möchte sagen, dass wir uns ... vom Ausland nichts vorschreiben lassen sollten. ... Ich glaube kaum, dass etwa die vermehrte Aufnahme von Flüchtlingen uns bei den Mächten, die uns geographisch näher liegen, etwas schadet ... Wenn man uns von dorther schaden will, dann wird man immer genügend andere Gründe finden, so dass wir gar kein Recht haben, diese Flüchtlinge etwa aus solchen Erwägungen zum Opfer unserer Vorsicht zu machen.» Auch die Befürchtung, die Immigration von Juden führe zu mehr Antisemitismus in der Schweiz, wies er zurück: «Ich weiss, dass das Schweizervolk in Fragen des Antisemitismus ... immer einen absolut gesunden Instinkt gehabt hat. Es ist ganz ausgeschlossen, dass wegen dieser paar Flüchtlinge ... im Schweizervolk irgendwie ein Antisemitismus entsteht.» «Nun gehöre ich zu denen, die genau wissen, dass unsere Ernährungslage für die Zukunft auch nicht rosig ist. Aber ich glaube nicht, dass wir einen Grund haben, zu erklären, dass das Volk von 4 Millionen, das sich Schweizervolk nennt, erklären dürfte: Nachdem wir nun über 7000 Emigranten haben, müssen wir die Grenze schliessen. ... Die Proportion ist gegenwärtig noch unheimlich bescheiden.» Rittmeyer sprach auch von den finanziellen Opfern, die das Schweizer Judentum bereits auf sich genommen habe und «dass wir als Volk ... helfend eingreifen müssen». Er schloss sein weitgehend improvisiertes Votum mit den prophetischen Worten: «Ich bin der Auffassung, ... dass wir vor der Geschichte nicht werden standhalten können, wenn wir erklären, wir haben uns einschüchtern lassen wegen 733 Emigranten, die in einem halben Monat in unser Land geflüchtet sind, wir haben deswegen den Mut verloren.»[396] – Rittmeyer konnte sich trotz seiner klaren Argumentation nicht durchsetzen. Unmittelbar nach der nationalrätlichen Debatte, am 26. September, wurde die Grenze auf Veranlassung des Bundesrates wieder geschlossen.

Ende Oktober 1942 versandte die «Schweizerische Zentralstelle für Flüchtlingshilfe» 1,2 Millionen Einzahlungsscheine an sämtliche Haushaltungen der Schweiz. In einer breiten Pressekampagne riefen namhafte Persönlichkeiten zu dieser ersten allgemeinen Sammlung auf, darunter Bischof Marius Besson, die Appenzellerin Clara Nef, die Nationalräte Ernst Nobs und Albert Oeri und natürlich Karl Barth und Ludwig Rittmeyer. Er fürchte, schrieb der Letztere, mit seinen Äusserungen im Nationalrat über die Stimmung im Schweizer Volk den Mund zu voll genommen zu haben. Die Sammelaktion werde gleichsam «eine Volksabstimmung» über dessen Einstellung zu den Flüchtlingen sein. Er hoffe auf einen Erfolg, damit sich der Bundesrat nicht bestätigt fühlen könne.[397] – Rittmeyer erhielt Recht: Die Sammlung ergab bis zum 3. Dezember 1942 Fr. 1'315'000.- (davon Fr. 115'000.- im Kanton St. Gallen), was für die damaligen Verhältnisse als äusserst stattlich bezeichnet werden kann.

Dr. Dora J. Rittmeyer-Iselin 1902–1974

Dora Rittmeyer besuchte fast jeden Sonntag den Gottesdienst in St. Laurenzen. Dank ihrem Gottvertrauen meisterte sie auch grosse Schicksalsschläge. (1941 wurde dem Ehepaar der ältere Sohn durch Krankheit entrissen. [398]) Soziale Tätigkeit war ihr von Kindsbeinen an eine Selbstverständlichkeit. Sie war in einer Basler Familie aufgewachsen, die sich seit Generationen für die Diakonie engagierte. Die promovierte Musikwissenschaftlerin hielt auch öffentliche musikgeschichtliche Vorlesungen an der damaligen Handelshochschule. Bei Kriegsende wurde sie Präsidentin der St. Galler Frauenzentrale (1945–1960). Sie trat für die Gleichberechtigung der Frau in beruflicher, sozialer und politischer Hinsicht ein. Unter anderem präsidierte sie die Gruppe, die an der «SAFFA» 1958 den Pavillon «Die

Frau im Dienste des Volkes» schuf. Gewissermassen die Krönung ihrer öffentlichen Laufbahn bildete ihre Wahl zur Präsidentin des «Bundes Schweizerischer Frauenvereine» (BSF) ein Jahr später.[399]

Bei der Beerdigung Dora Rittmeyers sagte die Vizepräsidentin des BSF: «Es war eine Freude zu erleben, wie sie die Begriffe klärte, die Kompetenzen unterschied, den Dingen den ihnen zugehörigen Platz zuwies, ohne Parteilichkeit, ohne Sentimentalität, aber unbeugsam, wenn es um Werte ging.» Klug, offen, interessant, nie kleinlich sei sie gewesen.[400]

Als «klare und konsequente Frau» wird Dora Rittmeyer im Buch über das «Schweizer Hilfswerk für Emigrantenkinder» (SHEK) geschildert, dessen St. Galler Sektion sie 1935 gründete und leitete.[401] Das folgende anonyme Gedicht im «Evang. Kirchenboten für Rheintal, Werdenberg, Sargans» zeigt gut, worum es Dora Rittmeyer in ihrem Einsatz für die Flüchtlingskinder ging:

«Ich bin ein Emigrantenkind.
Heut spreche ich die vierte Sprache
Und bin in einem dritten Land,
Wo ich mir vielen Kummer mache –
Was aus mir wird, ist unbekannt.
Ich fühle nur: wir müssen wieder wandern;
Denn meine Mutter weint jetzt oft und viel.
Ich sehe traurig auf die Glücklichen, die andern,
Und denk an unser nächstes Reiseziel;
Und an die fremden grossen Städte,
Und an den Hunger, den man abends hat …
Ich hab die Einsamkeit so satt …
Wohin wohl werden wir nur fahren?
Lässt man uns bleiben, wo wir sind?
Ich bin schon müde von den vielen Jahren
und nicht mehr froh – ich bin ein
Emigrantenkind.»[402]

Im vorläufig 1933, endgültig 1934 gegründeten SHEK arbeiteten jüdische und christliche Persönlichkeiten zusammen. Das Hilfswerk machte es sich zum Ziel, «... den heimatlosen Kindern des politisch aufgewühlten Europa ohne Unterschied von Konfession und Weltanschauung materiell und fürsorgerisch» beizustehen.[403] Faktisch handelte es sich, wie oben ausgeführt, zu 80 Prozent um jüdische oder halbjüdische Kinder. Das SHEK war in seinen Anfangsjahren auch politisch tätig. Beim «Völkerbund» in Genf regte es 1935 die Einführung eines «Flüchtlingspasses» für Juden an – in Analogie zum Nansenpass für russische und armenische Flüchtlinge nach dem 1. Weltkrieg – und wurde deswegen auch beim Bundesrat vorstellig. «Wir waren von der Wirkungslosigkeit unseres Vorstosses bitter enttäuscht, nicht minder von der Zurückhaltung unserer obersten Behörde in Bern ...»[404] Erst 1946/1951 wurde die Idee des Flüchtlingspasses allgemein verwirklicht. Ernüchtert war das SHEK auch vom Scheitern der internationalen Flüchtlingskonferenz im Juli 1938 in Evian. Es beschloss, sich in Zukunft auf die praktische Arbeit zu beschränken.

In ihren Tätigkeitsberichten schreibt Frau Rittmeyer wenig über ihre eigene Arbeit, dafür umso mehr von den «bedauernswerten Kindern», etwa im Jahr 1937: «Wer einmal die bleichen, unterernährten und oft verschüchterten, freudlosen Kinder bei ihrer Ankunft in der Schweiz gesehen hat und die gleichen Kinder nach zwei bis drei Monaten Schweizer Aufenthalt rosig und mit runden Backen, fröhlich und lebendig nach Paris zurückfahren sah», der sehe den Sinn der Ferienaktion des SHEK ein.[405] Sie schreibt von der Kleiderstube, welche die Sektion führe, von der sechsköpfigen Emigrantenfamilie, welche sie betreue (im Jahr 1936), von der Mithilfe in der Arbeitsgemeinschaft für Kinder in Spanien, wo der Bürgerkrieg tobte.

Als der «Anschluss» Österreichs viele Juden zur Ausreise zwang, betreute das SHEK 222 jüdische Wiener Kin-

der. Dora Rittmeyer schreibt: «Immer neue Schreckens-
nachrichten treffen ein, zu den deutschen, russischen und
italienischen Flüchtlingen kommen spanische und neuer-
dings viele österreichische. Da können wir eben nicht anders, als immer weiterarbeiten und ... weiterbetteln.»[406]
Nach der Reichskristallnacht vom November 1938, als die
deutschen jüdischen Kinder aus den öffentlichen Schule
ausgeschlossen wurden, bestürmte unter anderen Dora
Rittmeyer die Eidgenössische Fremdenpolizei, 300 dieser
Kinder einreisen zu lassen.[407] Unter Aufbietung aller
Kräfte und gegen grösste Widerstände gelang es schliesslich, 260 Kinder in die Schweiz zu holen, wo sie wegen des
Kriegsausbruchs jahrelang blieben. Ihre Eltern und Ge-
schwister sahen die meisten nie mehr. «Auch an der Webergasse 15 in St. Gallen herrscht fieberhafte Aktivität»,
schreibt das St. Galler Tagblatt vom 5. Januar 1999 über
diese Aktion.[408]

Im ersten Kriegsjahr betreute die Sektion St. Gallen 33
Kinder dauernd oder vorübergehend, die teils bei den Eltern oder bei einem Elternteil, teils in Heimen lebten. Mit
der Ferienaktion hingegen war es nun vorbei.[409] Nach der
neuen Flüchtlingswelle vom Sommer 1942 wurde das
SHEK vom Bund mit der Sorge für alle alleinstehenden
Flüchtlingskinder unter 6 Jahren betraut. Auf Weisung des
Bundes holte das Hilfswerk später 2000 jüdische Schulkinder aus den ungastlichen Flüchtlingslagern heraus – oft
gegen den Widerstand der Eltern. Kritik an der Aktion
kam auch von Flüchtlingsverantwortlichen und aus jüdischen Kreisen in der Schweiz, die befürchteten, dass die
Kinder ihrer angestammten Religion entfremdet würden.
Auch im SHEK selbst war die Massnahme nicht unbe-
stritten. Zwei Drittel der Kinder wurden in christlichen Familien untergebracht, der Rest in Heimen.

Um dem Vorwurf des Proselytismus zu entgegnen,
sorgte das SHEK dafür, dass die Kinder in der religiösen
Tradition ihrer Eltern erzogen wurden. In der Ostschweiz
übernahm der Rabbiner von St. Gallen, Dr. Lothar Roth-

schild, die Aufsicht über den Religionsunterricht für die Flüchtlingskinder.[410] Im st. gallischen Ulisbach wurde ein Heim eigens für Kinder aus orthodoxem Milieu eingerichtet, wo sie nach ihren religiösen Vorschriften leben konnten.[411] (Offenbar wurden aber trotzdem einige bei Privaten untergebrachte Flüchtlingskinder gegen den Willen des SHEK zum Christentum «bekehrt».) Das SHEK arbeitete auch mit der Freiplatzaktion von Pfarrer Paul Vogt zusammen. Es finanzierte Freiplätze für Flüchtlingsmütter und ihre Kleinkinder.

Der Sohn Dora Rittmeyers schreibt über den Einsatz seiner Mutter in der Kriegszeit: «Mit unermüdlichem Einsatz – wir denken an die vielen anstrengenden Besuche in Flüchtlingslagern – wirkte sie von 1935 bis 1948 als Präsidentin der St. Galler Hilfe für Emigrantenkinder. Von ihren jüdischen Schützlingen haben ihr einige, heute wieder in alle Welt zerstreut, bis zu ihrem Tode Treue bekundet.»[412] – Nachweisbar gelang es dem gesamtschweizerischen SHEK, 5000 Kinder endgültig zu retten.[413]

ANTISEMITISMUS IN DER EVANGELISCHEN BEVÖLKERUNG?

Nochmals: Antisemitismus und Antijudaismus

«Antisemitismus war … auch in der Schweiz allgegenwärtig. Speziell schweizerisch ist, dass er vor allem … in Ängsten vor einer ‹Überfremdung› der Schweiz politisch wirksam wurde.» So lautet das Urteil des evangelischen Theologen Ekkehard W. Stegemann.[414] Ähnlich äusserte sich Edgar Bonjour in seiner «Geschichte der schweizerischen Neutralität»: «Der Egoismus und der verborgene Antisemitismus, den jeder Bürger hegt, veranlasste ihn, die Augen zu verschliessen vor der Unmenschlichkeit mancher Aspekte der offiziellen Politik des Asylrechts.»[415] Der katholische Freiburger Historiker Urs Altermatt stellt für den

142

schweizerischen Katholizismus fest: «Insgesamt gab es ... nur wenige Persönlichkeiten, die dem Antisemitismus öffentlich und konkret entgegenwirkten und ihre Stimmen für die Juden erhoben.»[416] Der «Rassen»-Antisemitismus sei von den Katholiken zwar abgelehnt worden, aber: «In Verbindung mit dem modernen Antisemitismus nahm der christliche Antijudaismus im 20. Jahrhundert neue Formen ... an.»[417] Altermatt hält fest, für den Protestantismus gelte im Prinzip dasselbe wie für den Katholizismus, attestiert ihm faktisch aber mehr Problembewusstsein.[418] Wie das Beispiel des St. Galler Bischofs Scheiwiler zeigt, setzten sich auch einzelne Katholiken früh gegen die Judenverfolgung und damit gegen den Antisemitismus ein.[419]

Auch evangelische Christen, und gerade solche, die sich an vorderster Stelle für die Juden wehrten, äusserten manchmal kritische Bemerkungen an deren Adresse. Ständerat Löpfe-Benz ärgerte sich über einzelne Juden, die mitten im Krieg, zur Zeit der Rationierung, verschwenderisch mit Lebensmitteln umgingen.[420] Und Robert Sturzenegger wandte sich 1944 gegen die Meinung, Antisemiten seien prinzipiell «gottlos», denn gelegentlich werde der Antisemitismus von einzelnen Juden selbst provoziert.[421] Als grundsätzlich antisemitisch sind solche Äusserungen von Persönlichkeiten, die viele Juden kannten und mit ihnen wie mit andern Menschen gute, manchmal auch unangenehme Erfahrungen machten, nicht zu bewerten.

Anders war es mit dem christlichen Antijudaismus. Er sass tief. Ein unreflektierter Biblizismus, der sich an Sätzen wie «Sein Blut komme über uns und unsere Kinder» (Mt 27,25) oder an der paulinischen Verstockungstheorie festhakte, konnte selbst wohlmeinende Christen daran hindern, sich vollständig von den alten antijudaistischen Vorstellungen zu lösen. Auch den Juden gegenüber wohlwollend eingestellte Pfarrer gehörten dazu. Der «Ev. Kirchenbote für das Rheintal» beispielsweise meinte unter Hinweis auf Mt 27,25: «Ja, es ist tatsächlich so gekommen ... Das jüdische Volk ist seit jenem Tag nie mehr zur Ruhe und zum Frieden gekommen. Es ist eine Geschichte voll Blut und Tränen, ... eine ... Fluchgeschichte.»[422]

Der Sennwalder Pfarrer Herbert Hug (1907–1998) vermochte sich früh und gründlich vom Antijudaismus zu lösen. Anfang 1942, also noch vor Beginn der schlimmsten Phase der Judenverfolgung, veröffentlichte er ein viel beachtetes Buch unter dem Titel «Das Volk Gottes. Der Kirche Bekenntnis zur Judenfrage».[423] Hug beginnt mit einem flammenden Plädoyer gegen den Judenhass. Dieser habe «satanische Formen» angenommen. Er äussert sich entsetzt über den «mit Wucht vorstossenden, vom leidenschaftlichen Glauben beseelten Antisemitismus, der sich die radikale Ausmerzung alles Jüdischen zum Ziele» setze. Die Frage, die man sich als Christ stellen müsse, lautet nach Hug nicht, warum ist Gott Mensch geworden, sondern: «Cur Deus homo Judaeus?» (Warum ist Gott Jude geworden?) Der Herr der Kirche sei der «Judenkönig» geblieben. – Doch dann folgen antijudaistische Gedanken: Die Krise des Judentums, so Hug, bestehe in der Ablehnung des Herrschaftsanspruches Jesu. «... die Kirche ... weiss, dass die Hoffnung der Juden tot ist. ... darum ist und bleibt für (die Juden) das Gesetz ... das bestimmende Moment.» Hier wiederholt Hug das tradierte Cliché von der «Gesetzlichkeit» des Judentums. Für die «Verstockung» der Juden seien allerdings die Christen selbst verantwortlich. Doch dann fährt er fort: «Israel geht nicht verloren. ... sondern es lebt, weil Christus lebt, und es lebt *leidend*, weil es den, durch den es lebt, nicht annehmen will ...» Diese scheinbar tiefsinnige theologische Begründung des Leidens jüdischer Menschen wurde damals von etlichen christlichen Zeitgenossen Hugs zur Erklärung oder schrecklicherweise sogar zur Rechtfertigung des Holocaust verwendet. – Am Schluss seines Buches stellt Hug fest, die Kirche habe nur den Splitter in des Bruders Auge gesehen, ohne des Balkens im eigenen Auge gewahr zu werden. Gott selber stelle der Kirche die Frage: «‹Wo ist dein Bruder? ... Horch, das Blut deines Bruders schreit zu mir empor vom Ackerlande.›

Werden wir uns etwa erneut der kainitischen Sünde schuldigmachen und ausweichend darauf antworten: ‹bin ich denn meines Bruders Hüter›?» – Mit diesem Schuldbekenntnis entfernte sich Hug vom Antijudaismus. Mehr noch: Er stellte die Weichen neu für den Umgang mit den Juden.

Herbert Hug war von 1933 bis 1943 Pfarrer in Sennwald, wo er in den Nachbarpfarrern Peter Walter und Werner Graf Gesinnungsgenossen fand. 1943 übernahm er in Basel das Direktorium der «Freunde Israels», eines Vereins, der sich der Judenmission widmete. Kaum da, vollzog er den vollständigen Sinneswandel, nachdem ihm ein Jude geschrieben hatte, ein Eintreten für die gequälten Juden mit einem Auftreten wider ihre Religion zu verquicken, sei eine Handlungsweise, die bekämpft werden müsse. «Meinerseits muss ich gestehen, dass mich dieser Satz wie ein Schlag ins Gesicht getroffen hat.»[424] Als Redaktor der Zeitschrift «Der Freund Israels» schrieb Hug zu Beginn des Jahres 1944: «Heute steht die tatkräftige Hilfsbereitschaft an erster Stelle, und nur Blinde und Taube können fortfahren, in üblicher Weise Judenmission zu treiben.»[425] Als einer der ersten erteilte er dem traditionellen Verständnis der Judenmission eine klare Absage. Im Nachruf auf Herbert Hug in einer christlich-jüdischen Zeitschrift steht folgende Würdigung: «Er war mit seiner theologischen Überzeugung seiner Zeit meilenweit voraus, erkannte die Wichtigkeit des gleichberechtigten Dialogs zwischen Juden und Christen. Der Stiftungsrat (der «Freunde Israels») teilte seine dialogische Auffassung nicht, und es kam zum Rücktritt ... Heute erkennen wir in ihm den mutigen Bekenner, einer der die Menschen ... liebte, einer, der sich nicht scheute, zu seinen Überzeugungen zu stehen.»[426] Hug gehörte zu den Theologen, die den Boden für die «Christlich-jüdische Arbeitsgemeinschaft» bereiteten, die kurz nach dem Krieg ins Leben gerufen wurde. Nach dem bitteren Abgang aus Basel wechselte Hug in das Gemeindepfarramt Walzenhausen. 1958 wurde er Präsident des Schweizerischen Reformierten Pfarrvereins.[427]

Antijudaistische Tendenzen gab es bis in die Kerngruppe des SEHBKD hinein. Auf Weihnachten 1942 plante das Hilfswerk einen offenen «Weihnachtsbrief». Es wollte die Schweizer Juden der Solidarität und der Fürbitte versichern. Der Entwurf des Briefes wurde dem Vorstand des SEK vorgelegt. Dieser lobte die gute Absicht, taxierte den Brief wegen seines Aufrufs zur Konversion aber als «ungeschickt».[428] Sturzenegger und einige andere Vorstandsmitglieder reisten nach Zürich, um das SEHBKD zum Verzicht oder wenigstens zur Änderung dieser Passage zu überreden, was aber, abgesehen von einigen kosmetischen Retouchen, nicht gelang.[429] Der Brief[430] wurde in verschiedenen Tageszeitungen publiziert. Er erregte grosses Aufsehen und wurde mit sich diametral widersprechenden Argumenten kritisiert: Anstoss erregten einerseits die Sätze: «Wehe der Judenschaft, wenn sie sich jetzt im Widerstand gegen Christus versteifen würde. ... Es betrübt und erschreckt uns, dass das Judenvolk Jesus nicht als den im Alten Testament angekündigten Messias erkennt und als seinen Erlöser annimmt.» Das empfanden vor allem Juden als Anmassung. Anderseits irritierten die Sätze: «Aber es ist zuerst an uns, Busse zu tun für alles, was von unserer Seite an den Juden gesündigt wurde. ... So ist unsere Schuld noch grösser als die Schuld der Juden. ... Das ist uns von Herzen leid.» Besonders der katholischen «Kirchenzeitung» ging dieses Schuldbekenntnis zu weit.[431]

Sturzenegger beurteilte die Verquickung des Missionsappells mit dem Schuldbekenntnis als höchst problematisch. Seinem alten Duz-Freund Eduard Thurneysen, einem Mitunterzeichner, schrieb er: «Wir (d. h. Koechlin und er selbst) empfinden den Versuch als stossend, die (Juden) durch freundliche Worte und mit einem Schuldbekenntnis zum Übertritt gleichsam zu nötigen.»[432] Richard Pestalozzi war Mitunterzeichner des Weihnachtsbriefes. Auch er hatte sich noch nicht vom theologischen Antijudaismus gelöst.[433] – Jüngere Historikerinnen und Historiker kritisieren den «Weihnachtsbrief» teilweise heftig wegen seiner unbestreitbar antijudaistischen Elemente. Sie übersehen aber, dass sich die Verfasser gleichzeitig mit Leib und Seele für ihre «jüdischen Brüder und Schwestern»[434] einsetzten. Damals gab es auch jüdische Stimmen, die den Brief und insbesondere das Schuldbekenntnis freudig begrüssten. Der Basler Rabbiner Dr. Weil sagte in einer Predigt: «Eine solche Sprache haben wir Juden von seiten der Vertreter der Kirche seit 1900 Jahren nicht gehört.»[435]

Die Antisemitismus-Frage an die Kirchgemeinden

Eine der Fragen an die Pfarrer bei der Visitation von 1943/44 richtete sich nach allfälligem Antisemitismus in den Kirchgemeinden. Sie lautete: «Bemerken Sie ... antisemitische Strömungen?»[436] Dass diese Frage gestellt wurde, war nicht selbstverständlich und zeugt vom gewachsenen Problembewusstsein des Kirchenrates. Noch kurz zuvor, im Sommer 1942, war er der Meinung gewesen, in den St. Galler Gemeinden sei der Antisemitismus keine Gefahr.[437]

Eduard Schweizer, damals Gemeindepfarrer in Nesslau, verneinte bei der Visitation die Frage. Heute bestätigt er: Eigentlichen Antisemitismus habe es unter den Gemeindegliedern nicht gegeben. Auf die Frage, wie die Bevölkerung von Nesslau auf die jüdischen Flüchtlinge im Pfarrhaus reagiert hätten, antwortet Schweizer, die Leute seien sich an die vielen Gäste im Pfarrhaus gewohnt gewesen und hätten die Juden deshalb nicht als etwas Aussergewöhnliches betrachtet.[438] Ähnlich äussert sich Pfarrer Peter Walter, damals in Bruggen. Die Gemeinde habe positiv auf das jüdische Ehepaar im Pfarrhaus reagiert. Bei der Befragung von 1943/44 gab Walter die interessante Antwort: «Gefühlsmässig wird der Antisemitismus abgelehnt, wenn auch die volle Klarheit darüber, warum er abgelehnt werden muss, wohl kaum Allgemeingut ist.»[439] Aus den damaligen und den heutigen Äusserungen der beiden Zeitzeugen kann der Schluss gezogen werden, dass das praktische Vorbild des Pfarrers nicht ohne Einfluss auf die Gemeinde blieb.

Der damalige Wiler Pfarrer Max Geiger schrieb: «Wirklicher Antisemitismus ist in der Gemeinde nicht zu verspüren.»[440] Was verstand er unter «wirklichem Antisemitismus»? Leider wurde auf dem Fragebogen nicht differenziert zwischen dem oben beschriebenen althergebrachten christlichen Antijudaismus und dem modernen, rassisch, kulturell und wirtschaftlich begründeten Antisemitismus. Auch bekannte sich kaum jemand öffentlich als Antisemit oder als Antijudaist. Das macht die Interpretation der Antworten schwierig. Das Bild, das auf Grund der Antworten entworfen werden kann, hat aber trotz aller Vorbehalte einen gewissen Aussagewert. – 53 Kirchgemeinden mit 62 Pfarrern sandten die Fragebögen ausgefüllt zurück.

Von den 62 antwortenden Pfarrern äusserten sich 28 überhaupt nicht zur Antisemitismusfrage oder dann im Sinne, es sei ihnen in ihrer Gemeinde nichts von Antisemitismus zu Ohren gekommen. Möglicherweise bestand bei einigen von ihnen ein Desinteresse an der Fragestellung. – Sechs Pfarrer antworteten dezidiert, bei ihnen gebe es keinen Antisemitismus.

28 Pfarrer, also die knappe Hälfte, waren der Meinung, in ihrer Gemeinde gebe es mehr oder weniger starke antisemitische Tendenzen. Herbert Hug schrieb aus Sennwald: «Antisemitische Strömungen wagen sich hier nicht ans Tageslicht.» Aus einer anderen Rheintaler Gemeinde vernimmt man, antisemitische Strömungen machten sich «in unkirchlichen Kreisen leise bemerkbar», und in einer dritten wurde der unter der Oberfläche schlummernde Antisemitismus bei der Sammlung für den «Flüchtlingsbatzen» offenkundig. In zwei anderen Gemeinden wollten Vertreter des Kleingewerbes unliebsame Erfahrungen mit Juden gemacht haben, es bestehe – so ein Pfarrer – ein «geschäftliches Ressentiment». Aus einem Kirchkreis der Stadt St. Gallen wurde gemeldet, einzelne Kirchgenossen seien

«aus Antisemitismus und landesfremder Gesinnung aus der Kirche» ausgetreten, wobei es sich wohl um Deutsche oder um Frontisten handelte. Ein Pfarrer aus einer ländlichen Gemeinde ortete antisemitische Strömungen bei den «Jungbauern», einer im Kanton recht verbreiteten frontennahen politischen Bewegung. Dagegen betonte ein Stadtpfarrer, es gebe «zweifellos» vor allem bei den der Kirche fern Stehenden, und zwar in allen gesellschaftlichen Schichten, Leute, die dem Antisemitismus zugänglich seien.

Der Tablater «Pfarrhelfer» Hans Diener (zuvor Vikar bei Eduard Schweizer) hingegen nahm auch die Kerngemeinde nicht aus von antisemitischer Einstellung: «Der Antisemitismus mottet latent in allen Kreisen unserer Bevölkerung, auch in unserer kirchlichen Bevölkerung.» Das deckt sich mit der Meinung des Goldacher Pfarrers Paul Candrian, wonach der Antisemitismus «schon recht tief im Blut unserer Einwohner» stecke. Pfarrer Werner Tanner von St. Peterzell ging mit seiner selbstkritischen Aussage noch darüber hinaus: «Der Antisemitismus schleicht auch bei uns umher. Es ist sehr wichtig, ihn im eigenen Herzen und in der Gemeinde immer wieder von Christus her auszutreten.» – Alle drei Pfarrer gingen also von einer weiten Verbreitung des Antisemitismus aus – bis in die Kerngemeinde und bis ins eigene Herz hinein. Sie kamen damit zu einem ähnlichen Schluss wie der Historiker Edgar Bonjour.

Zu den bedenklichen Meldungen gehört, dass in einer grösseren Gemeinde der «Flüchtlingsbatzen» auf «keine Gegenliebe» gestossen sei. Seine Geber seien «an einer Hand» abzuzählen, währenddem sich fünfzig Leute an der «Halbbatzenkollekte» der Basler Mission beteiligten. Aus einer Diasporagemeinde kam die Nachricht, die Kirchenvorsteherschaft wünsche keinen Vortrag über die «Judenfrage», da es vereinzelte antisemitische Strömungen gebe. Dabei muss man sich fragen, ob die Kirchenvorsteherschaft selbst antijudaistisch oder nur mutlos war. Zwei Toggenburger Pfarrer berichteten, in ihren Dörfern stosse das Judenauffanglager in Oberhelfenswil auf Ablehnung, es herrsche die Meinung, die Juden seien frech. Interessanterweise berichtete aber der Pfarrer von Oberhelfenswil, die evangelische Bevölkerung seiner Gemeinde, welche täglich Kontakt zu diesen Juden hatte, stehe «wohlwollend zu den Israeliten im Auffanglager».

Von krassem Antisemitismus berichtete Hans Böhringer: Vereinzelte Kirchgenossen meist ausländischer Herkunft (wohl Deutsche) seien «wegen der Fürbitte im Gottesdienst für das schwer verfolgte Volk Israel» unter Protest aus der Kirche ausgetreten. Sein «Eintreten für das zertretene Volk Gottes» habe diese Leute erzürnt. Ähnlich erging es einem Toggenburger Pfarrer, dessen Gemeinde den Juden «eher ablehnend» gegenüberstand: «Alles Eintreten für die Juden wird als Philosemitismus oder als persönliche Marotte bewertet. Die Stellung in der Judenfrage ist symptomatisch für die Stellung zur Bibel.» Pfarrer Gottlieb Roggwiller in Rorschach berichtet, ein Gemeindeglied habe über einen getauften Juden gesagt: «Solange dieser Saujud in die Kirche geht, gehe *ich* nicht mehr.»

Auf der anderen Seite berichteten viele Pfarrer, so derjenige von Sevelen, von den reichlichen Gaben ihrer Gemeindeglieder für die Flüchtlinge. In Rorschach erklärten sich 140 Gemeindeglieder ohne spezielle Werbung bereit, beim «Flüchtlingsbatzen» mitzumachen. Und der Bernecker Pfarrer Paul Wieser (später Redaktor des EPD und Dr. theol. h. c.) meldet, viele erkennten, dass die Flüchtlingsfrage nicht nur nach Sympathie und Antipathie gelöst werden könne.[441]

Das Bild, das sich aus der Befragung ergibt, ist facettenreich. Es gab einerseits eine grosse Hilfsbereitschaft, anderseits aber Antijudaismus bis in die Kerngemeinden hinein und in Einzelfällen auch Antisemitismus im engeren Sinn. Robert Sturzenegger, der den Visitationsbericht 1943/44 verfasste, hatte wohl recht in seiner Annahme, das Volk lasse sich weitgehend von seinen Gefühlen leiten und es mangle ihm an Einsicht in die tieferen Zusammenhänge. Auch kam er zum Schluss, bewusster christlicher Glaube wirke sich nicht immer als Schranke gegen eine feindliche Einstellung zu den Juden aus.[442]

6 Endlich Friede

Ein halbes Jahr vor Kriegsende verging in St. Gallen kaum ein Tag, an dem nicht die Sirenen geheult hätten. Flugzeuge beider Kriegsparteien verirrten sich auf schweizerischen Boden. Gleichzeitig schwollen die Flüchtlingsströme an: Französische Kinder, ungarische Juden, schwer verletzte Deutsche und zuletzt Auslandschweizer und Überlebende aus den Konzentrationslagern.

Wenige Wochen vor Kriegsende gelangte eine deutsch sprechende Frau an das Grenztor St. Margrethen. Sie bezeichnete sich als Jüdin, man glaubte ihr nicht. Die Juden seien doch alle tot. Die Pfarrfrau und Rotkreuzbeauftragte Anna Fischer-Stähli stand dabei, hörte das Gespräch, redete mit der Frau. Doch diese wurde zurückgeschickt. Nachts darauf durchschwamm sie den alten Rhein und meldete sich im Pfarrhaus. Sie wurde von der Familie aufgenommen – schwarz, bis der Krieg endgültig vorbei war. Später heiratete sie einen Rabbiner.[443] – Bei Kriegsende schleppten sich täglich Hunderte von Flüchtlingen durch das Grenztor. Anna Fischer bildete einen freiwilligen Hilfsdienst mit Frauen aus St. Margrethen und Umgebung, welcher die Flüchtlinge in den Baracken und Militärzelten des Territorialkommandos 7 betreute. Sie schreibt: «So spät in der Nacht durch die grosse Halle oder durch die Zelte zu gehen, zwischen schlafenden Menschen hindurch, zuhinterst in die schäbigen Kinderwagen mit den jüngsten Französlein zu gucken, liess einen ein tiefes Dankgebet zu Gott sagen, dass nun all das Morden ein Ende haben sollte.»[444]

In der Stadt St. Gallen errichtete der evangelische Arzt Hans Richard von Fels ein Notspital. Neben seinen Verpflichtungen als Hausarzt und als Offizier hatte er während Monaten alle Hände voll zu tun mit der Untersuchung und Verarztung der Flüchtlinge. Auch seine Frau «Vetty» lief sich die Füsse wund, um die Leute zu trösten. «Es ist ein namenloses Elend, diese nackten Menschen vor sich zu sehen»[445], notierte er in sein Tagebuch. Hilfe hatte er in seinem Kollegen Dr. Richard Rehsteiner.

Die Berichte der Spitalpfarrerin Ruth Abderhalden aus der Endphase des Krieges sind besonders aufschluss‐ reich:[446] «Im vergangenen Berichtsjahr spürten wir (d. h. Spitalpfarrer Paul Reichardt und sie selbst) bei unserem Dienst im Spital in besonderer Weise etwas vom Krieg, der in der Welt tobt. Viele internierte Soldaten aus verschiedenen Ländern, viele Emigranten und jüdische Flüchtlinge traf ich bei meinen Besuchen in den Krankenzimmern. Wie dankbar waren gerade auch diese Kranken für ein rechtes Wort des Trostes.» «... unvergesslich bleibt für uns der Morgen, an dem man eine Anzahl der elendesten Menschen aus den Konzentrationslagern in Deutschland mit Lastautos in unser Spital einlieferte. Unvergesslich bleibt das Leid, das Menschen ihren Mitmenschen zufügen konnten. Unvergesslich bleibt aber auch die Dankbarkeit jener Elenden ... Sehr bewegt bin ich an manchem Krankenbett dieser nun befreiten Häftlinge gesessen; alles war ihnen genommen, alles hat man ihnen geraubt, aber einigen war es geglückt, trotz grosser Gefahr ihre Bibel immer wieder zu retten und zu verstecken. ... das Wort Gottes hat ihnen und vielen Mitgefangenen verschiedener Konfession die Kraft zum Durchhalten gegeben.»

AUFBRUCH ZU NEUEN UFERN

Zum Kriegsende erliess der Kirchenrat gemeinsam mit dem bischöflichen Ordinariat in allen Tageszeitungen einen Aufruf. Es war ihm, wie er an die Pfarrer und Kirchenvorsteherschaften schrieb, auch ein Anliegen, dass die religiösen Feiern zum Kriegsende nicht in Siegesfeiern ausarteten. Neben dem Dank für den Frieden und die Verschonung der Schweiz möge man der Not und Ausweglosigkeit in den Nachbarländern gedenken.[447] Der Kirchenrat richtete sich auch direkt an alle «Glaubensgenossen»: «Das ersehnte Kriegsende ist herbeigekommen. ... Das erste, was sich uns aufdrängt, ist der anbetende Dank gegenüber dem Wunder der Gnade Gottes, die unser Land und Volk in Frieden erhalten hat. Dieser Dank schliesst mit ein die Erkenntnis der schweren Opfer, die unsere Wehrmänner im Dienste des Landes gebracht haben. ... Wir gedenken in dieser Stunde all der Kriegsopfer, der schuldigen und der unschuldigen. Wir gedenken unserer eigenen Schuld.»[448] – Am 8. Mai 1945 abends acht Uhr läuteten in der ganzen Schweiz die Kirchenglocken. Von Fels schreibt: «Wir haben uns festlich angezogen und sind alle, Vetty und ich, die fünf Kinder ... in die Stadt gegangen. In St. Laurenzen war Dankgottesdienst mit Pfarrer Gut, kurz und schön.»[449]

Es wäre eine Illusion, anzunehmen, dass es nun keine Aufgaben mehr zu lösen gab. In Rorschach predigte Pfarrer Roggwiller am 8. Mai: «Die Zeit ist vorbei, da wir uns in unser Schneckenhaus verkriechen können. Die Zeit auferlegt uns Verantwortung der Menschheit gegenüber, es gilt, die Fahne der Gemeinschaft und der Brüderlichkeit hochzuhalten ...»[450] Als neue Herausforderung wurde die Wiederaufbauhilfe für das zerstörte Deutschland in Angriff genommen. Schon kurz vor Kriegsende hatte Karl Barth in der nach der Erzählung Georg Thürers zum Bersten gefüllten St. Laurenzenkirche einen Vortrag mit dem Titel «Die Deutschen und wir» gehalten, in dem er die für viele überraschende These aufstellte: «Das deutsche Volk braucht jetzt ganz besonders die Freundschaft seines Nachbars.» Es könne «keinen noch so gerechten Zorn geben, über den (man) die Sonne nun wirklich untergehen lassen» dürfe.[451]

Das Rote Kreuz und die «Schweizerspende» riefen zur Hilfe auf. In St. Gallen konstituierte sich zudem die interkonfessionelle «Ostschweizer Grenzlandhilfe». In diesem

Rahmen organisierte Georg Thürer an Weihnachten 1945 einen Hilfstransport nach München, für den unter anderen Dora Rittmeyer in ihrer Eigenschaft als Präsidentin der st. gallischen Frauenzentrale Kleider und Schuhe zur Verfügung stellte.[452] Lehrer Werner Steiger schreinerte mit seinen Schülern 110 Kinderbettchen, welche von Arbeitsschülerinnen ausstaffiert wurden. Vor dem Pfarrhaus Rorschach und anderswo stapelten sich Harasse mit Kartoffeln, Gemüse und Obst. Dem Lastwagenkonvoi schlossen sich auch Rektor Kind von der Kantonsschule an, welcher die Bedürfnisse der Schulen abklären sollte, und Dr. Otto Gsell, Chefarzt am Kantonsspital, sowie der Kinderarzt Richard Rehsteiner, deren Aufgabe es war, sich nach dem Bedarf an Medikamenten zu erkundigen. Georg Thürer und andere Professoren der Handelshochschule hielten in den ersten Nachkriegsjahren Vorlesungen in München, um die Menschen auch geistig aufzurüsten. Der Kirchenrat unterstützte diese Projekte. Zudem liess er den Evangelischen von Reutlingen und den dortigen Werner'schen Anstalten in eigener Regie Hilfe zukommen.[453]

Bereits erwähnt wurde die Gründung des HEKS kurz nach dem Krieg, an der Robert Sturzenegger massgebend beteiligt war. Auf Anstoss von Richard Pestalozzi, Interimspräsident des «Schweizerischen kirchlichen Hilfskomitees», wurde 1949 die gesamte evangelische Füchtlingshilfe der Schweiz dem HEKS angegliedert - ein zukunftsweisender Schritt.

DIE SCHULDFRAGE

Eine ganze Reihe von Persönlichkeiten der evangelischen Schweiz hatte bereits um das Jahr 1942 begonnen, von Schuld zu sprechen. Zu ihnen gehörten Herbert Hug, Ludwig Rittmeyer, Robert Sturzenegger und natürlich auch der «Flüchtlingspfarrer» Paul Vogt und Gertrud Kurz. Sie, die sich mit allen Kräften für die Juden einsetzten, wussten zuerst, dass auch sie persönlich zu wenig für sie taten. Die seinerzeitigen Befürworter einer harten Flüchtlingspolitik hingegen hüllten sich nach dem Krieg in Schweigen oder machten geltend, man habe «es» nicht wissen können. Heinrich Rothmund sagte einige Jahre nach dem Krieg anlässlich einer zufälligen Begegnung mit Gertrud Kurz, «dass die Erinnerung hart und das Weiterleben eher schwer sei».[454] Und als sie, ebenfalls einige Jahre nach dem Krieg, in einer Berner Kirchgemeinde über «Vergangene und gegenwärtige Flüchtlingsnot» referierte, entdeckte sie zu ihrer Überraschung Eduard von Steiger unter den Zuhörern. Bei der Diskussion sei dieser plötzlich aufgestanden: Es liege ihm daran, ihr «im Namen der Schweiz zu danken. Wir (d. h. sie selbst, Koechlin, Vogt etc.) hätten durch unser stetes Warnen und Betteln und Protestieren doch oft dazu beigetragen, das Land vor unrechtem Tun zu bewahren.»[455]

Die St. Galler Kirche bekannte sich schon sehr früh zu ihrer Schuld, andeutungsweise bereits in einem der Gebete zum Bettag 1940: «Unsere Schuld ist dir nicht verborgen ... Du weisst um unseren Mangel an wirklicher Gemeinschaft und vorbehaltsloser Bruderliebe.» Gott möge die Schweizerinnen und Schweizer vor einem engen, falschen und hochmütigen Volksgeist bewahren.[456] Deutlicher wird der Amtsbericht über das Jahr 1941: Aus dem Dank für die Verschonung der Schweiz werde «die bittere Erkenntnis herausklingen, dass wir unsere Verschonung vielfach nur zu sehr durch eine unchristliche Haltung erkauften: durch Stillschweigen, wo wir reden sollten, durch schwächliches Vermitteln, wo wir vor der Pflicht klarer Entscheidung standen.»[457] Unmissverständlicher noch das Bettagsmandat 1943: «... wir sind nicht besser als andere Völker. ... Können wir ... uns etwa grösserer Rechtschaffenheit und Treue rühmen als die Völker, die jetzt in einem furchtbaren Krieg verbluten? ... Wir predigen so viel andern und merken kaum, dass wir selbst verwerflich werden. Da überall liegt Schuld in Menge vor.»[458] Das Bettagsmandat 1944

156

brachte es auf den Punkt: Die Haltung gegenüber dem «Fremdling» und Flüchtling «sei nicht immer so, wie sie sein sollte».[459]

Die Serie der Schuldbekenntnisse gipfelte nach Kriegsende im bereits erwähnten kirchenrätlichen Manifest an alle «Glaubensgenossen» und in Worten Henry Tschudys an der Synode vom 24. Juni 1945. Tschudy war in jenem Jahr Präsident der Synode. In der Eröffnungsansprache bekannte er: «Ein Versagen des Humanitätsgedankens, entfesselte Technik und soziale Gegensätze sind die Quellen des hinter uns liegenden Krieges. *Die Kirche ist durch ihr Schweigen mitschuldig geworden.*» Ein Jahr später wurde Tschudy Mitglied des Kirchenrates.[460]

Ein Stück Vergangenheitsbewältigung ist durch diese Schuldbekenntnisse durch die Beteiligten selbst geleistet worden. Vielleicht war aber das Bewusstsein, dass die St. Galler Kirche doch nicht ganz versagt hatte, mitverantwortlich für die geradezu euphorische Aufbruchstimmung und den Tatendrang in den ersten Nachkriegsjahren. Deutlichster Ausdruck davon war die Gründung des kantonalen Kirchenboten 1952 und die Schaffung der kirchlichen Heimstätte Schloss Wartensee im Jahr 1958 durch Richard Pestalozzi, der inzwischen Präsident des Kirchenrates geworden war.

7   Fazit

Die Verurteilung des nationalsozialistischen Totalitarismus stand in der St. Galler Kirche rasch fest, ebenso die Solidarisierung mit der «Bekennenden Kirche». Früh bildete sich ein Bewusstsein hinsichtlich der «Judenfrage». Der Schritt zum praktischen Vorgehen zu Gunsten der Flüchtlinge erfolgte allerdings erst drei Jahre nach Beginn der Verfolgungen. Nach den ersten Aktionen des Kirchenrates in den Jahren 1936 bis 1939 entfaltete die «Landeskirchliche Flüchtlingshilfe» mit Pfarrer Richard Pestalozzi seit Kriegsbeginn eine überaus rege Tätigkeit. Weite Teile des Kirchenvolkes liessen sich zur Hilfe für die Flüchtlinge motivieren. Die Gelder flossen reichlich und kontinuierlich. Vom Sommer 1942 an, angesichts der «Endlösung», verstärkte sich das Verantwortungsgefühl der Entscheidungsträger in Kirchenrat und Synode erheblich. Immer wieder riefen sie zu Spenden und zur Fürbitte auf. Dabei wurde der Ton zunehmend bestimmter. Oft kam der Anstoss dazu von der kirchlichen Basis. Jugendgruppen, einzelne Pfarrer und «Laien» protestierten laut. Die treibende Kraft beim Kirchenbund für die Interventionen im Bundeshaus zugunsten der Flüchtlinge war Kirchenrat Robert Sturzenegger. Die Liste der Vorstösse und Aktionen, die in Kapitel 5 zur Darstellung kommen, ist lang und beeindruckend.

Anderseits gab es Antijudaismus und teilweise sogar Antisemitismus in den st. gallischen Kirchgemeinden, freilich in unterschiedlichem Ausmass, und es sollte auch nicht übersehen werden, dass gerade bei judenfreundlichen Pfarrern sich der traditionelle christliche Antijudaismus teilweise hartnäckig halten konnte. Trotz allem Engagement vieler einzelner Persönlichkeiten und Kirchgemeinden gab es auch Gleichgültigkeit und Passivität.

Die Jahre von 1933 bis 1945 waren eine schwierige, anspruchsvolle Zeit. Aufs Ganze gesehen darf man vermuten, dass drei Faktoren die Haltung eines grossen Teils der evangelischen Bevölkerung im Kanton St. Gallen positiv beeinflusst haben: das tief verankerte rechtsstaatliche Bewusstsein vieler Kirchenglieder, die solide kirchliche Tradition und die kräftigen Impulse der in diesem Kanton stark präsenten religiössozialen und dialektischen Theologie.

So mögen die Leserinnen und Leser zum Schluss selbst beurteilen, welche Antwort auf die im Titel implizierte Frage die angemessenste ist. Sie werden diese Frage – im Hinblick auf heutige Konflikte – zugleich als eine hören, die ihnen und der ganzen Christenheit gestellt ist.

Anhang: Der Fall Wirth

Es geht in diesem Kapitel nicht darum, den ganzen Fall Pfarrer Wirth aufzurollen. Das ist an anderer Stelle geschehen.[461] Wichtig ist, aufzuzeigen, wie der kantonale Kirchenrat mit der schwierigen Situation umgegangen ist.

Im Frühjahr 1932 wurde Werner Wirth (1886–1961) zum Pfarrer von Azmoos gewählt.[462] Im Protokoll der Synode von Ende Juni 1933 lesen wir: «Pfarrer Wirth von Azmoos polemisiert gegen das Fraktions- und Parteienwesen in Staat und Kirche, das aus dem Geiste des Evangeliums heraus überwunden werden müsse. Er lässt scharfe Worte gegen die jede Volksgemeinschaft zersetzende Tätigkeit der jetzigen Parlamente fallen ...»[463] Sein Angriff auf den Pluralismus und den Parlamentarismus in Kirche und Staat erregte den «lebhaften Protest» eines Synodalen. An der Synode vom Juni 1934 stellte Wirth den Antrag, «die Synode solle das Parteienwesen in aller Form verurteilen». Wirth meinte damit die theologischen Richtungen, also die innerkirchliche Meinungsvielfalt, die auch andere Mitglieder der Synode in der Diskussion beklagten.[464] An der Synode 1937 nahm Wirth – nicht als Einziger – gegen die «Motion Kutter» Stellung, welche die de jure-Anerkennung der italienischen Herrschaft über Abessinien durch den Bundesrat tadelte. 1938 erteilte der Kirchenrat Pfarrer Wirth den Auftrag zum Religionsunterricht am liechtensteinischen Gymnasium in Vaduz, wo Wirth den Kontakt mit deutschfreundlichen Kreisen suchte.[465]

Es ist nicht klar, wieviel die Kirchenvorsteherschaft Azmoos zum Zeitpunkt der Wahl Wirths über dessen politisches Vorleben[466] wusste:

Nachdem er im Kanton Aargau seine erste Pfarrstelle versehen hatte, widmete er sich nach dem 1. Weltkrieg in Zürich vorwiegend der politischen Arbeit im Umfeld der Arbeiterbewegung. Man geht wohl nicht fehl in der Annahme, dass ihn ein tiefes Gerechtigkeitsgefühl beseelte. Die Lösung sozialer Probleme war ihm ein wichtiges Anliegen. Vorübergehend wurde er ein Wortführer der im Jahr 1921 gegründeten «Kommunistischen Partei der Schweiz» und weilte im gleichen Jahr als Delegierter dieser Partei einige Monate in Moskau. Enttäuscht von dem, was er dort erlebt hatte, wandte er sich vom Kommunismus wieder ab.

1926 gründete Wirth die evangelische Zeitschrift «Leben und Glauben», ein evangelisches Familienwochenblatt. Er redigierte es selbst und bewies grosses Geschick dabei. Er gewann Hunderte von Deutschschweizer Pfarrern dafür, sich mit ihrem Namen hinter die Zeitschrift zu stellen. Qualifizierte Persönlichkeiten, darunter auch Pfarrer Richard Pestalozzi, stellten sich als Mitarbeiter zur Verfügung. Dass sich die neue Zeitschrift beim Kirchenvolk bald grosser Beliebtheit erfreute, muss die Azmooser Kirchenvorsteherschaft beeindruckt haben. Während der ersten Amtsjahre in Azmoos legte Wirth ein politisch unauffälliges Verhalten an den Tag, obwohl er bereits 1931 Kontakt mit frontistischen Kreisen aufgenommen hatte.[467]

An der Sitzung vom 24. Mai 1939 beschäftigte sich der Kirchenrat mit einem Brief des Azmooser Buchhändlers Georges Caviezel, in welchem von «nationalsozialistischer Tendenz» Pfarrer Wirths die Rede ist.[468] Der Kirchenrat beauftragte den Dekan des Kapitels Rheintal-Werdenberg, Pfarrer Daniel Brütsch, den Vorwürfen nachzugehen: «Die Untersuchung … ergibt aber keine so schwerwiegenden Momente, dass ein Einschreiten berechtigt wäre. Es soll aber der Fall immerhin im Auge behalten werden.» Der Beschwerdeführer Caviezel gab sich nicht zufrieden und kündigte das Sammeln weiteren Materials an.[469]

Die Bundesanwaltschaft war von anderer Seite bereits Anfang 1939 auf Pfarrer Wirth aufmerksam gemacht worden. Sie ordnete seine Überwachung an. Am 9. Dezember 1940 teilte der Chef des kantonalen Polizeidepartementes dem Vizepräsidenten des Kirchenrates, Pfarrer Etter, mit, seit einiger Zeit werde der Postverkehr Pfarrer Wirths wegen Verdachts auf «nationalsozialistische Einstellung» kontrolliert. Kirchenratspräsident Dr. Karl Kobelt, soeben zum Bundesrat gewählt, war in den Dezemberwochen 1940 abwesend.[470] Am 24. Dezember 1940 meldete der Kirchgemeindepräsident von Azmoos, M. Schlegel-Sonderegger, dem Kirchenrat, bei Pfarrer Wirth sei durch den Chef des Spionageabwehrdienstes des Armeestabes eine Hausdurchsuchung angeordnet und belastendes Material zutage gefördert worden.[471]

Vizepräsident Etter versuchte sofort, noch am 24. Dezember, durch die Vermittlung der Kirchenvorsteherschaft eine freiwillige Suspension Wirths zu erreichen, «aber die Behörde versagte ihr Mitwirken aus Angst vor heftigen Auftritten». So entschloss sich Etter aus eigener Verantwortung, über Wirth ein Verbot pfarramtlicher Funktionen an beiden Weihnachtstagen zu verhängen.[472] Den Weihnachtsgottesdienst hielt Pfarrer Hans Martin Stückelberger, der als Feldprediger eben in der Festung Sargans weilte. Auf den 27. Dezember berief Etter eine ausserordentliche Kirchenratssitzung ein, um die brisanten Vorfälle zu besprechen. Zunächst wurde die Meinung geäussert, es handle sich um eine politische Sache, über die der Kirchenrat nicht zu urteilen habe. «Jedenfalls dürfe man durch die Stellungnahme unserer Behörde in der Sache kein Präjudiz schaffen.» Doch die Kirchenräte erkannten, dass «angesichts der Schwere des Falles gehandelt werden *musste*, denn es geht da nicht mehr nur um persönliche Fragen, sondern um die durch die nationalsozialistische Ideologie gefährdete Existenz der Schweiz und auch unserer Kirche und ihrer Verkündigung.»[473] Die Verfügung Etters wurde schliesslich «ohne Widerspruch gutgeheissen».

Der Kirchenrat hörte anschliessend eine Delegation aus Azmoos unter der Führung des Präsidenten der Kirchenvorsteherschaft an. Pfarrer Wirth habe bisher in Predigt und Unterricht seine innersten Gedanken klug verborgen, berichteten die drei Vorsteher. Doch sei das Pfarrhaus ein

Sammelpunkt Gleichgesinnter. In der Gemeinde herrsche grosse Unruhe. Die Frage der Abberufung sei nahe gerückt. Auch seien bereits zwei Kirchenaustritte erfolgt, zwanzig weitere angedroht, «besonders wegen der politischen Einstellung des Pfarrers». – Der ebenfalls vorgeladene Pfarrer Wirth meinte jedoch, er habe sich nichts vorzuwerfen und sei «im Gewissen unbeschwert». Laut Protokoll klagte er «mit ungebührlichen Ausdrücken über das Vorgehen des Kirchenrates», d. h. über die Suspension. Auf gezielte Fragen hin bekannte «er sich schliesslich zum Parteiprogramm der schweizerischen Nationalsozialisten». Der Kirchenrat nahm ihm das Versprechen zur Zurückhaltung ab und verlängerte die Suspension. – Prompt erfolgte eine Kritik des Pastoralvereins Rheintal-Werdenberg am Vorgehen des Kirchenrates. Diese wurde abgelehnt, da sie auf «einseitiger Orientierung» fusse.[474]

Das Sitzungsprotokoll vom 27. Dezember 1940 offenbart die ganze Schwierigkeit des Falles. Das ganze Jahr 1941 hindurch wurde der Kirchenrat dadurch in Atem gehalten. Die Protokolle über die teils bewegten Aussprachen füllen zahlreiche Seiten.[475] Beim Lesen spürt man das Ringen des Kirchenrates um die angemessene Reaktion. Andere Themen, auch die «Flüchtlingsfrage», wurden dadurch an den Rand gedrängt.

Während der ersten Hälfte des Jahres 1941 schoben sich die Kirchenvorsteherschaft und der Kirchenrat den Schwarzen Peter, d. h. die Amtsenthebung Wirths, mehrmals gegenseitig zu, obschon sie diese im Prinzip für unvermeidlich hielten. Die Kirchenvorsteherschaft, obwohl von der Kirchenordnung dazu legitimiert, wagte es nicht, die Abberufung einzuleiten – aus Angst vor der zwar kleinen, aber rührigen Anhängerschaft Wirths und wegen der vielen «Schwankenden und Eingeschüchterten» in der Gemeinde.[476] Die Vorsteherschaft war auch verunsichert angesichts, wie sie sagte, fortwährend irreführender und tendenziöser Meldungen und Drohungen aus dem Pfarrhaus. Auch betätige sich Wirth weiter politisch und sei mit seinen Unschuldsbeteuerungen sogar in die Presse gegangen.[477] – Der Kirchenrat hingegen meinte, ihm seien wegen der schleppenden Untersuchung durch die staatlichen Organe die Hände gebunden. Als eine weitere Hemmschwelle bezeichnete er die Kirchenordnung, die sich «gerade in diesem Fall als unzureichend» für eine dauernde Abberufung erweise.[478]

Am 22. Januar 1941 fand im Anschluss an eine zweite Hausdurchsuchung die Verhaftung Pfarrer Wirths statt. Jetzt setzte der Kirchenrat den jungen Theologen Joos Weber als Vikar in Azmoos ein.[479] Der Kirchenrat erhielt nun auch konkretere Angaben über den Inhalt der Schriften Wirths: Er verehre den Führer, trete für den «Anschluss» der Schweiz an Grossdeutschland ein, habe ein Programm zur Absetzung der Regierung entwickelt, wolle Widerstehende inhaftieren.[480]

Im April 1941 kam Wirth aus der Untersuchungshaft frei. Der Kirchenrat beschloss, «den Weg der Verständigung zu versuchen».[481] Tatsächlich gelang es den drei Kirchenräten Etter, Graf und Raschle, Wirth zu einem Vergleich zu drängen, wonach dieser selbst auf den 15. August seinen Rücktritt als Pfarrer von Azmoos erklären sollte. Der Vergleich scheint aber nicht genügend mit der Kirchenvorsteherschaft abgesprochen worden zu sein, denn am 29. Juli fand in Azmoos eine «Vertrauensmännerversammlung» mit 80 Teilnehmern statt, worauf 165 Unterschriften für ein Abberufungsverfahren gesammelt wurden, doppelt so viele, als nötig waren.[482] Beide Initiativen, diejenige des Kirchenrates und diejenige der Kirchgemeinde Azmoos, erwiesen sich bald darauf als gegenstandslos, da Pfarrer Wirth durch militärischen Entscheid die Aufenthaltsbewilligung in Azmoos entzogen wurde.[483]

Im Herbst 1941 nahm Wirth Wohnsitz in St. Gallen. Dem Kirchenrat drohte er in einem Schreiben mit der «eines Tages kommenden Sühne des ihm angetanen Unrechts».[484] Am 9. Dezember 1941 sprach das Werdenberger Bezirksgericht Wirth «mangels rechtsrelevantem Tat-

bestand» vom Spionageverdacht frei.[485] Wirth verlangte
sofort die Aufhebung der kirchenrätlichen Suspension und
die Wiedereinsetzung in das Pfarramt Azmoos, was ihm
der Kirchenrat verweigerte.[486] Am 16. Februar reiste
Wirth illegal nach Deutschland aus. Seine Frau folgte ihm
etwas später.[487]

Als Wirth bei Kriegsende in die Schweiz zurückkehrte,
wurde er sofort verhaftet. Ein indirektes Gesuch seiner
Frau um Unterstützung in ihrer Notlage lehnte der Kirchenrat ab.[488] Das Bundesstrafgericht verurteilte Wirth
1947 zu zehn Jahren Zuchthaus.[489]

Man wird bei der Vergegenwärtigung des ganzen tragi-
schen Falls den Eindruck nicht los, dass der Kirchenrat
beim Umgang mit Wirth stark gefordert, vielleicht sogar
überfordert war. Einen Präzedenzfall gab es nicht.[490] In
Widersprüche wurde der Kirchenrat durch seinen Willen
verwickelt, es sich «zur strengen Pflicht» zu machen, «sich
auf das kirchliche Gebiet zu beschränken und sich darum
allein mit der Frage zu befassen, ob ein weiteres erspriessli-
ches Amten Pfarrer Wirths auf Grund der vorliegenden
Tatsachen noch möglich sei.»[491] Dass dies ein Ding der
Unmöglichkeit war, hätte er spätestens erkennen müssen,
als er erfuhr, dass Adolf Hitler in einem der Manuskripte
Wirths als «Abgesandter Gottes» bezeichnet wird.[492]

Die Geschichte hatte ein Nachspiel: Im Jahr 1950 unterstützte der Kirchenrat aus seelsorglichen Gründen ein
Begnadigungsgesuch zugunsten Werner Wirths. Das Gesuch wurde von der Vereinigten Bundesversammlung abgelehnt. Dem Kirchenrat erwuchs aus Parlament und Presse heftige Kritik, was ihn bewog, nachträglich eine öffentliche Erklärung abzugeben. Er stellte darin fest, er habe
nicht im Namen des evangelischen Konfessionsteils, sondern in eigener Verantwortung gehandelt, wie er das schon
in jener gefährlichen Zeit getan habe.[493] Bezirksammann
und Nationalrat Christian Eggenberger von Grabs kritisierte in einem «offenen Brief» den für ihn unverständ-
lichen Schritt des Kirchenrates.

An der ausserordentlichen kantonalen Synode, die wegen der Konfirmationsfrage auf den 29. Januar 1951 einberufen wurde, gab es eine kurze Aussprache zur Intervention des Kirchenrates. Es wird aus dem Protokoll nicht klar, ob die Synode schliesslich Zustimmung oder Ablehnung des Vorstosses des Kirchenrates signalisierte.[494]

Die Affäre Wirth bildete einen Einzelfall innerhalb der Kantonalkirche. Zwar ging 1939 eine Meldung durch den St. Galler und Thurgauer Blätterwald, wonach sich der Pfarrer von Krummenau, Karl Schaltegger, in einer Predigt als Anhänger Hitlers zu erkennen gegeben habe, was der Kirchenrat dann aber öffentlich als Missverständnis klärte.

Anmerkungen

1   Altermatt, Urs: Katholizismus und Antisemitismus, S. 319.
2   Pfarrer Georg Bührer senior an der Synode vom 27. Juni 1938, in: Erlasse VII, Nr. 76, S. 675.
3   Protokolle der Synode vom 26./27. Juni 1949, in: Erlasse IX, S. 675 und Synodalreglement Art. 4, in: Erlasse X, Nr. 79.
4   Amtsbericht über 1945, in: Erlasse IX, S. 170.
5   Amtsbericht über das Jahr 1939, in: Erlasse VIII, S. 125.
6   Sturzenegger, Robert: Gemeindeblatt der Protestanten von Tablat, Nr. 72, November 1935.
7   Visitation 1943/44, Antwortbögen aus den Kirchgemeinden in: StadtASG KiA Thek 107. Gottlieb Roggwiller (1899-1971) war Pfarrer in Alt St. Johann, Kappel SG, 1937-1953 in Rorschach und 1953-1964 im Linsebühlquartier in St. Gallen. «Als entschiedener Pazifist hat er seine Kräfte im kirchlichen Friedensbund der Schweiz, im internationalen Zivildienst und in der Sozialen Studienkommission eingesetzt», Stückelberger: Die evangelische Pfarrerschaft des Kantons St. Gallen, S. 58.
8   Bettagsmandat 1932 in: Erlasse VI, S. 999. Ulrich Gutersohns (1882-1965) Gelehrsamkeit wurde von vielen bewundert. Seine Ausführungen etwa über die Religionsgeschichte – auch über das Judentum – machten einen unauslöschlichen Eindruck auf viele Kantonsschüler. Etliche von ihnen, so Paul Henrich, Rudolf Keller, Max Stierli und Hans Rudolf Schibli, ergriffen - angeregt durch ihn - das Theologiestudium. Gutersohn, der theologisch Karl Barth nahe stand, erhielt 1944 den Dr. h. c. der Universität Basel für seine Verdienste als Religionslehrer und für die Förderung des theologischen Nachwuchses. Er war ein enger Freund von Pfarrer und Kirchenrat und seit 1942 Kirchenratspräsident Robert Rotach. Über Jahre hinweg tranken sie in der Wohnung Gutersohns an der Kugelgasse fast täglich den schwarzen Kaffee miteinander. Bemerkenswert war auch Gutersohns konfessionelle Offenheit. In den Pausen pflegte er mit seinem katholischen Kollegen Alois Artho zu spazieren. Gutersohns Kirchenratsprotokolle zeichnen sich ebenso durch eine gestochen scharfe deutsche Schrift wie durch Präzision aus.
9   Rotach/Gut/Gutersohn: Stimmen aus St. Laurenzen, S. 7-10.

10 Ebenda, S. 30-32. Hans Gut (1893-1962), Pfarrer zu St. Laurenzen, war prominenter Vertreter der liberalen Richtung.

11 Hoch, Walter: Freiheit und Autorität in unserer Kirche, S. 7.

12 Visitation 1943/44, Antwortbögen aus den Gemeinden, in: StadtASG, KiA, Thek 107. Pfarrer Peter Walter, 1912-2000, war von 1935-40 Pfarrer in Sax, 1940-58 als Nachfolger von Hermann Kutter junior in Bruggen, dann in Gelterkinden BL. Er war ein treuer Schüler Karl Barths und ein enger Freund Pfarrer Herber Hugs.

13 Vgl. «Stimmen aus St. Laurenzen», S. 17/18.

14 Protokoll der Synode vom 25./26. Juli 1933, in: Erlasse VII, S. 82-85. Gottlob Wieser, Dr. theol. h. c., war Pfarrer in Wattwil und Dekan des Pfarrkapitels Toggenburg. 1936 übernahm er die Chefredaktion des «Kirchenblattes für die reformierte Schweiz», das er auf die dialektische Linie brachte. 1937 zog er nach Riehen.

15 Ebenda, S. 85/86. Pfarrer Dr. Jakobus Weidenmann, 1886-1964, ein origineller Kopf, war Pfarrer an der Linsebühlkirche in St. Gallen. Er schrieb zwei Publikationen über die soziale Botschaft Pestalozzis. Seine Antrittspredigt im Linsebühl begann er mit den Worten: «Freunde und Zuhörer, Sucher und von Gott Gesuchte, Lebendige und Tote! Aber dennoch allesamt Gottes Kinder.» Bei seinen öffentlichen Vorlesungen an der Handelshochschule scharte er ein grosses, theologisch und philosophisch interessiertes Publikum um sich. Vgl. dazu: Hans Rudolf Schibli: Die Pfarrer im Linsebühl in: Die Linsebühlkirche in St. Gallen, S. 102-104.

16 «Kirchenbote für das evangelische Toggenburg, Gossau, Wil, Seebezirk und Gaster» 1932/33, Nr. 6, S. 7. Ernst Etter (1870-1947) war bis 1937 Pfarrer von Rorschach. Von 1910-1942 war er Mitglied des Kirchenrates, den er 1941-1942 präsidierte. Er engagierte sich für soziale Anliegen.

17 Protokoll der Synode vom 25./26. Juli 1933, in: Erlasse VII, S. 86. Zu Pfarrer Wirth vgl. Anhang.

18 «Ev. Kirchenbote für das Rheintal» vom 15. Juli 1933, und «Kirchenbote für das evangelische Toggenburg, Gossau, Wil, Seebezirk und Gaster» 1932/33, Nr. 6, S. 6/7.

19 Damit meinte Sonderegger natürlich nicht dasselbe wie die Nationalsozialisten, aber sein Äusserung konnte so verstanden werden. Die Kursivschrift im Zitat wurde von Pfarrer Sonderegger vorgegeben. Bettagsmandat 1933 in Erlasse VII, S. 93.

20 Bettagsmandat 1936, in: Erlasse VII, S. 461.

21 Zu den Entwicklungen in der deutschen Kirche siehe Kaiser: Deutscher Kirchenkampf und Schweizer Öffentlichkeit in den Jahren 1933 und 1934, S. 23-74.

22 Uniert, d. h. lutherisch *und* reformiert, war die evangelische Kirche Preussens.

23 Kaiser, S. 127/8.

24 Steinbauer, Karl: «Ich glaube, darum rede ich!» S. 12.

25 Ebenda, S. 185.

26 Ebenda S. 27.

27 Ebenda, S. 35.

28 SA = Sturmabteilung, nationalsozialistische Schlägertruppen.

29 Ebenda S. 43/44.

30 Ebenda S. 47.

31 Ebenda, S. 260.

32 Ebenda, S. 300.

33 Ott, Ueli: Jesus stirbt im Toggenburg, Die «Grosse Toggenburger Passion» von Willy Fries, in: Terra Plana, Zeitschrift für Kultur, Geschichte, Tourismus und Wirtschaft, 1, 2001, Mels.

34 Moltmann, Jürgen: Nachwort zu: Willy Fries: Die Passion.

35 Dorothee Fries-Wieser, *1914.

36 Barth, Karl: Offene Briefe 1945–1968, hrsg. Diethelm Koch, Zürich 1984, S. 234/5.

37 Vgl. dazu Günter, Jacob: Der Zeuge des Evangeliums, in: Liber amicorum, Willy Fries zum 70. Geburtstag, hrsg. Dino Larese, S. 22.

38 Erlasse VIII, S. 749.

39 «Ev. Kirchenbote für das Rheintal» vom 15. Mai 1933. «Kirchenbote für das evangelische Toggenburg, Gossau, Wil, Seebezirk und Gaster» 1933/34, Nr. 5, S. 3-5.

40 Sturzenegger in: «Gemeindeblatt der Protestanten von Tablat», Nr. 67, September 1934.

41 «Evangelisches Gemeindeblatt Straubenzell», Nr. 76, Bettag 1934, S. 452.

42 Nr. 18, Amtsbericht über 1933, in: Erlasse VII, S. 136/7.

43 Robert Rotach, 1881-1960, Pfarrer an St.. Mangen, resp. St. Laurenzen, war einer der wichtigsten Kirchenmänner St. Gallens. Während der ganzen Zeitspanne von 1933 bis 1945 war er Kirchenrat, ab 1942 in der Funktion des Präsidenten. Ihn zeichneten nach Aussage von Zeitgenossen Freundlichkeit im Umgang mit anderen Menschen, Gradlinigkeit und klares Denken aus. Nach Hans

Martin Stückelberger besass er die besondere Gabe, bei jeder Gelegenheit, sei es bei einem offiziellen Anlass, sei es im privaten Gespräch, etwas Vortreffliches und Unvergessliches zu sagen. Vgl. Stückelberger: Die evangelische Pfarrerschaft des Kantons St. Gallen, S. 54. Mit dem theologisch ähnlich denkenden Ulrich Gutersohn arbeitete Rotach nicht nur eng zusammen. Mit ihm verband ihn auch eine jahrelange Freundschaft und Weggenossenschaft.

44 Vogt, Paul in: «Allgemeiner Anzeiger Rheineck» vom 14. Juli 1934, 74. Jg. Nr. 86.

45 Rotach: Protestantisch, Evangelisch, Reformiert, St. Gallen 1934, S. 17/18.

46 Ebenda S. 26/27.

47 «Schweizerisches Protestantenblatt», 22, Juli 1933, S. 231.

48 «Neue Wege», 5. April 1933.

49 Nebelspalter 1939,37,11 und 1933,38,3. Beides in: Métraux, Peter: Die Karikatur als publizistische Ausdrucksform. Kampf des „Nebelspalters" gegen den Nationalsozialismus 1933-1945, S. 85.

50 Amtsbericht über 1934, in: Erlasse VII, S. 251/2.

51 Vgl. Sturzenegger im «Gemeindeblatt der Protestanten von Tablatt», Nr. 67, September 1934.

52 Amtsbericht über 1934, in: Erlasse VII, S. 275/76.

53 Bei diesen biographischen Angaben folge ich Mühling: Karl Ludwig Schmidt.

54 Mitteilung des Sohnes von Karl Ludwig Schmidt, Prof. Dr. Martin Anton Schmidt, *1919, Gespräch vom 28. Dezember 1999.

55 Mühling, Andreas, S. 169/170.

56 M. A. Schmidt.

57 Aussage von Prof. Dr. Eduard Schweizer, *1913, der 1938 seine erste Stelle als Pfarrer in Nesslau antrat. 1946 wurde er als Professor nach Mainz und drei Jahre später auf den Lehrstuhl für Neues Testament in Zürich berufen. Gespräch vom 17. Juli 2000.

58 Mitgeteilt von M. A. Schmidt.

59 Mühling, S. 173.

60 «Kirchenbote für das evangelische Toggenburg, Gossau, Wil, Seebezirk und Gaster» 1934/35, Nr. 2, S. 6.

61 Amtsbericht über 1935, in: Erlasse VII, S. 374.

62 Protokoll des Kirchenrates vom 17. Februar 1943.

63 Protokoll des Kirchenrates vom 22. Januar 1947.

64 Ebenda, 23. April 1947.

65 Ebenda, 27. Mai 1947.

66 Ebenda, 7. Juli 1947.

67 Aus dem Nachruf auf Pfr. Schmälzle von C. R., Broschüre, zur Verfügung gestellt von M. und P. Zimmermann.

68 Mitteilung von Peter Zimmermann-Naef, September 2000.

69 Protokolle Kirchenrat 18. März 1941.

70 Vgl. dazu z. B. «Evang. Kirchenbote für Rheintal, Werdenberg, Sargans» vom 10. März 1941.

71 Die Befürchtung war verständlich, alles Deutsche war verdächtig, und ausser dem Kirchenrat kannte kaum jemand Ruth Abderhaldens dramatische Geschichte. Vgl. Protokoll 30. April 1941.

72 Diese Details über das Leben der jungen Ruth Abderhalden verdanke ich Frau Dora Gut, *1904, welche Frau Abderhalden in den Fünfzigerjahren kennen lernte und mit ihr bis zu deren Tod in gemeinsamem Haushalt lebte.

73 Erlasse VIII, Amtsbericht über 1943, S. 691.

74 Erlasse VIII, Amtsbericht über 1942, S. 556.

75 Jahresbericht über 1943 von R. Abderhalden an den Kirchenrat vom 20. Febr. 1944, Manuskript, zur Verfügung gestellt von Dora Gut.

76 StadtASG, KiA, Bd. III, Dossier Bekenntniskirche.

77 Käser-Leisibach, Ursula, S.47/48.

78 In: «Kirchenblatt für die reformierte Schweiz» vom 8. Dezember 1938. Laut Luther schuldet der Christ der «Obrigkeit» Gehorsam, was von den «bekennenden» Christen in Deutschland in teilweise undifferenzierter Weise auch in der nationalsozialistischen Zeit geltend gemacht wurde.

79 Text Memorandum im Archiv des SEK, 323.1 «Verfolgung der Kirche». Zum Memorandum siehe Rusterholz, S. 14, und Kocher, S. 87. Es gilt heute als erwiesen, dass Barth der Verfasser des Memorandums war.

80 Nachlass Paul Vogt, Dossier 2.3.2. in: ETH-Archiv für Zeitgeschichte, Zürich.

81 Die beiden Briefe von Oskar Lutz vom März 1938 befinden sich im Archiv des SEK, Dossier 323.1, Verfolgung der Kirche. Zu Oskar Lutz vgl. auch S. 73 f.

82 Vgl. Kocher, Hermann, S. 526, Anm. 100/101.

83 Alle drei Antwortbriefe im Nachlass Vogt, Dossier 2.3.2 in: ETH-Archiv für Zeitgeschichte, Zürich.

84 Hoch, Walter: Kompass durch die Judenfrage, S. 196.

85 Der Begriff «Antisemitismus» entstand 1879 in Berlin, vgl. TRE Bd. 3, S. 158/9.

86 Picard, Jacques, S. 28. – Das späte 19. Jahrhundert war auch die Zeit des Nationalismus, in dessen Namen man oft andere Völker mit anderen Sprachen und Kulturen als minderwertig qualifizierte.

87 RGG, 4. Aufl., Bd. 1, Sp. 570.

88 Die Idee geht auf Theodor Herzl zurück. Vgl. die Affäre Dreyfus in Frankreich.

89 Gleich «Sozialdarwinismus», d. h. auf die Gesellschaft angewandte Lehre von der negativen Selektion. Das Wort «Rasse» ist anthropologisch an und für sich ein fragwürdiger Begriff. Völlig unhaltbar ist die Vorstellung, es gebe «bessere» und «schlechtere» «Rassen» von Menschen.

90 So etwa der spätere Bundesrat Etter, vgl. Altermatt S. 107 und S. 152.

91 Vgl. Heinrich Rusterholz in: Ohne Wenn und Aber dem Gewissen verpflichtet, Zürich 2000, S. 10, sowie Kocher, S. 61. 1940 referierte Prof. Köhler im Rahmen der «Freien prot. Vereinigung» in der St. Mangenkirche über die Gegenwartsbedeutung des Alten Testamentes.

92 «Neue Bündner Zeitung», Samstag, 29. Juli 1933, 57. Jg. Nr. 176.

93 «Gemeindeblatt der Protestanten von Tablat» Nr. 67, September 1934, S. 1. Hans Böhringer (1883–1958) ahnte die furchtbaren Folgen der radikalen nationalsozialistischen Rassentheorie voraus. Er war eng verbunden mit dem grossen liberalen Theologen und Arzt Albert Schweitzer und teilte mit ihm die gute Wahrnehmungsgabe, das Gespür für Menschenrechtsverletzungen und den Humanismus. Nach Mitteilung von Otto Gretler verbrachte Schweitzer zweimal seine Ferien bei Böhringer.

94 Ebenda, Nr. 67, S. 2.

95 Stückelberger, Hans Martin: 50 Jahre Freie protestantische Vereinigung St. Gallen, S. 11.

96 Ebenda S. 11.

97 Ebenda S. 42.

98 Ebenda S. 69.

99 Scholder, Klaus: Die Kirchen und das Dritte Reich, Bd. 1, S. 327.

100 Später arbeitete er im Flüchtlingskomitee des Schweizerischen Evangelischen Kirchenbundes mit. Vgl. Schweizer Lexikon Bd. 10, Visp, 1999, S. 344.

101 Stückelberger: 50 Jahre Freie protestantische Vereinigung, S. 93. Walter Hoch zog 1935 nach Zürich, wo er 1944 das vielbeachtete Buch «Kompass durch die Judenfrage» veröffentlichte. Nach Fritz Blanke, der das Vorwort schrieb, handelt es sich dabei um «eine eigentliche Judentumskunde, und zwar die erste von evangelischer Seite geschriebene».

102 Das Buch wurde um 1880 von Eugen Dühring geschrieben. Vgl. TRE Bd. 3, Berlin, New York 1978, S. 159.

103 Vgl. oben die Ausführungen zu «Volksgemeinschaft». Vgl. auch den Artikel von Iso Camartin in NZZ 20. Sept. 1994.

104 Busch: Unter dem Bogen des einen Bundes. Karl Barth und die Juden 1933–1945, S. 49.

105 Ebenda S. 173.

106 Einen davon hielt Pfarrer Mangold in Nesslau über «Bibelstellen zur Judenfrage», den andern Pfarrer Hefti in Hemberg schlicht zu «Die Judenfrage». Vgl. Amtsbericht über 1935, in: Erlasse VII, S. 370.

107 Amtsbericht 1935, in: Erlasse VII, S. 369.

108 Gespräch mit Peter Walter, 1909–2000, vom 10. Dez. 1999. Herbert Hug schrieb später das viel beachtete Buch «Volk Gottes. Der Kirche Bekenntnis zur Judenfrage», das auf grosse Resonanz stiess.

109 Es ist überschrieben mit «Die Verantwortlichkeit der christlichen Kirchen für judenchristliche Flüchtlinge», Protokoll des Kirchenrates vom 5. Juli 1934.

110 Vgl. Kocher, S. 64/5.

111 Adolf Keller, 1872–1963, war eine herausragende Gestalt des schweizerischen Protestantismus. Er war deutscher Pfarrer in Genf und dann am St. Peter in Zürich. Karl Barth wurde von ihm getraut. 1922 übernahm er das internationale sozial-wissenschaftliche Institut des Weltkirchenbundes. Er war auch Professor an den theologischen Fakultäten Genf und Zürich. Er gilt als hervorragender Förderer der kirchlichen Beziehungen zwischen Europa und Amerika. Von mehreren Universitäten wurde er mit dem Dr. h.c. geehrt. 1936 war Adolf Keller zusammen mit Siegmund-Schultze massgeblich beteiligt an der Gründung des «Internationalen kirchlichen Hilfswerkes für nichtarische Flüchtlinge aus Deutschland». Vgl. Kocher, S. 61 und S. 74/75.

112 Der Kirchenbund wurde 1920 gegründet als lockerer «staatenbündischer» Zusammenschluss der schweizerischen Kantonalkirchen. Diese institutionell schwache und noch junge Organisation entwickelte eine bemerkenswerte Initiative in der Flüchtlingsfrage.

113 Protokoll 5. Juli 1934.

114 Vgl. Kocher, S. 50.

115 Kocher, S. 65.

116 «Evangelisches Gemeindeblatt Straubenzell», Bettag 1935, S. 475.

117 Busch, S. 147-149.

118 Käser-Leisibach, S. 99. Käser beruft sich auf den EPD, Evangelischer Pressedienst, vom 10. Januar 1934. Auch besuchte die Kirchenspitze nicht die Israelitische Gemeinde St. Gallen, um sie ihrer Sympathie zu versichern, wie das in Genf bereits 1933 geschah. Vgl. Kaiser: Deutscher Kirchenkampf, S. 263.

119 Scholder, S. 704.

120 Brunner: Ein offenes Wort, Band 1, Vorträge und Aufsätze 1917–1962, S.379/80. Nicht unerwähnt bleiben sollte, dass Brunner sich in den frühen Vierzigerjahren gegenüber dem Satz «Das Heil kommt von den Juden» skeptischer verhielt, möglicherweise in Abwehr gegen übersteigerte Formulierungen aus dem Kreis um das «Hilfswerk für die Bekennende Kirche».

121 «Ev. Kirchenbote für das Rheintal» vom 15. Nov. 1934.

122 1933,38,3, Métraux, S. 85.

123 Stimmen aus St. Laurenzen, S. 11/12.

124 Ebenda S. 23. Drei Predigten. Widerstand gegen den Nationalsozialismus und Verteidigung der hebräischen Bibel waren also nicht eine Richtungsfrage!

125 Stückelberger: 50 Jahre Freie protestantische Vereinigung, S. 92/93.

126 Vgl. Schweizer Lexikon Bd. 12, S. 70. Wilhelm Vischers Theologie wird von neueren Theologen gelegentlich kritisiert. In der Tat war sie nicht frei von antijudaistischen Denkmustern, was mit dem christlichen Absolutheitsanspruch zusammenhängt, den er wie die meisten damaligen Theologen vertrat. Vgl. Ekkehard Stegemann: Vom Unverständnis eines Wohlmeinenden. Der reformierte Theologe Wilhelm Vischer und sein Verhältnis zum Judentum während der Zeit des Nationalsozialismus, in: Mattioli: Antisemitismus in der Schweiz 1848–1960, Zürich 1998. In Theorie und Praxis setzte er sich aber wie wenige für die verfolgten Juden ein. Zum Antijudaismus-Antisemitismus vgl. Kapitel 5.

127 Predigt im Privatarchiv Gertrud Stückelberger. Dr. phil. Hans Martin Stückelberger (1904-1981) studierte in Basel, Zürich und Berlin Theologie, promovierte aber in Geschichte. Zur Zeit dieser Predigt war er Pfarrer zu St. Leonhard in St. Gallen, später Religionslehrer an der Kantonsschule St. Gallen.

128 In der Schaffhauser Kantonalkirche begann offenbar erst im Jahr 1942 eine intensive Diskussion. Vgl. Walter Wolf: Eine namenlose Not bittet um Einlass, S. 98 ff. Im Kanton Aargau war das Problembewusstsein offenbar noch geringer, vgl. Binnenkade, S. 43.

129 Kocher, S. 71.

130 Es ist seltsam, dass Barths Einsatz für die Flüchtlinge und seine Auseinandersetzung mit Bundesrat von Steiger im «Bergier-Bericht» mit keiner Silbe erwähnt werden.

131 Erlasse VII., Nr. 41, S. 354/5. Auch diesmal gab der Evangelische Kirchenbund den Anstoss dazu.

132 Amtsbericht 1936, in: Erlasse VII, S. 506/7. Der Vergleich des Geldwertes ist schwierig. Je nach Experte muss hinsichtlich des Konsumentenindexes der Multiplikationsfaktor 7-12 angewendet werden, wenn man das Pro-Kopf-Einkommen berücksichtigt, der Faktor 20-40 (Prof. Dr. A. Nydegger, St. Gallen).

133 Amtsbericht 1936, in: Erlasse VII, S. 502/3.

134 Vgl. 1. Tätigkeitsbericht der St. Galler Hilfe für Emigrantenkinder, Ende Mai 1935 bis Ende Juni 1936, verfasst von Dora Rittmeyer. In der «Rechnungsablage» wird nicht nachgewiesen, woher die Beiträge und Zuwendungen kamen.

135 Ebenda.

136 Ebenda.

137 Beispielsweise wurden den «Judenchristen» unernste oder unehrenhafte Konversionsmotive unterschoben. Vgl. Wolf: Eine namenlose Not bittet um Einlass, S. 33, sowie Kocher S. 59/60.

138 Kocher S. 77.

139 1. Tätigkeitsbericht.

140 Altermatt, S. 236. Bischof Schweiwiler, von dem geschrieben wurde, dass er eine «gewisse ökumenische Weite zeigte», verstarb im Sommer 1938, vgl. Ortskirche unterwegs, S. 170.

141 Kocher, S. 49.

142 Jäger, Martin: Forschungsprojekt zur ... Flüchtlingsgeschichte, S. 17/18.

143 Zu den Flüchtlingskategorien vgl. «Bergier-Bericht», S. 20-26. Zum Handlungsspielraum vgl. Jäger, S. 18.

[144] Vgl. Altermatt, S. 172 ff. und «Bergier-Bericht», S. 20.

[145] Aus: Roschewski: Heinrich Rothmund in seinen persönlichen Akten, in: Die Schweiz und die Flüchtlinge 1933-1945, S.120.

[146] «Bergier-Bericht», S. 47 sowie Mächler, in: Mattioli: Antisemitismus, S. 358.

[147] «Bergier-Bericht», S. 77.

[148] Schreiben Rothmunds vom 15. Januar 1938 an Ständerat Löpfe-Benz. «Bergier-Bericht», S. 48. Zu Löpfe-Benz vgl. Roschewski: Rothmund, S. 46-48.

[149] Auskunft von Emil Enderle, *1929, seit 1951 in der Firma Löpfe-Benz, seit Mitte der Sechzigerjahre Direktor und Verwaltungsratspräsident.

[150] 1937,1,5 in: Métraux S. 84.

[151] St. Gallen folgte wie die meisten Kantonalkirchen drei Jahre später. Kocher, S. 78-82.

[152] Schon am 31. März 1933 hatte das EJPD eine entsprechende Weisung an die Kantone herausgegeben. «Bergier-Bericht», S. 67 und Kocher, S. 48.

[153] Keller, Stefan: Grüningers Fall, Geschichten von Flucht und Hilfe, Zürich 1993, S. 10.

[154] Mitteilung von Frau Simone Prodolliet, Caritas Luzern, und von Herrn Philipp Arnold, Archiv für Zeitgeschichte, ETH Zürich. Evangelische Flüchtlinge gab es aus Österreich nur sehr wenige.

[155] Keller, S. 19.

[156] Keller, S. 49

[157] «Bergier-Bericht», S. 79.

[158] «Neue Wege», 5. Okt. 1938.

[159] Jäger beziffert die Zahl auf einige Hundert, Picard auf 2000, der «Bergier-Bericht», S. 314, auf 2-3000. Der – katholische – Schweizer Konsulatsangestellte Ernest Prodolliet verhalf laut «Bergier-Bericht» Tausenden zur Einreise in die Schweiz, indem er vorschriftswidrig Durchreisevisa ausstellte. Diese Zahl ist möglicherweise zu hoch gegriffen. Vgl. «Bergier-Bericht», S. 109.

[160] Keller, S. 104/5.

[161] Keller, S. 91.

[162] Kantonspolizist.

[163] Kopie des Dokuments im Besitz von Christian Dutler junior.

[164] Kopie des Dokuments der Deutschen Gesandtschaft in Bern im Besitz von Christian Dutler junior.

165 StaatsASG 16/39.343, Kopie im Besitz von Christian Dutler junior.
166 Protokoll des Regierungsrates des Kantons St. Gallen vom 6. Dezember 1940 und «Die Ostschweiz», 19. 1. 1939. Kopien im Besitz von Christian Dutler junior.
167 Kopie des «internen» Papiers im Besitz von Christian Dutler junior.
168 Dr. Leo Eberle, Präsident der Sektion St. Gallen des «Schweizerischen Vaterländischen Verbandes», einer frontistischen Gruppierung, erhielt Kenntnis von den Aussagen Dutlers. Er benutzte die Gelegenheit, um eine Pressekampagne gegen Valentin Keel zu starten mit dem Ziel, dessen in Kürze bevorstehende Wiederwahl zu verhindern. Das gelang ihm aber nicht. (Kopien der Dokumente im Besitz von Christian Dutler junior.)
169 Das freisinnige «St. Galler Tagblatt», die katholisch-konservative «Ostschweiz» und die sozialdemokratische «Volksstimme».
170 Prof. Dr. Ernst Ehrenzeller 1919-1998; Gespräch vom 19. November 1997.
171 Keller, S. 162.
172 Gespräche mit Ruth Roduner-Grüninger, *1921, vom 16. August und 27. September 2000. Sie erzählte auch von der «Lösung» Klinik.
173 Aussage von Ruth Roduner.
174 Vgl. auch Keller, S. 92/3.
175 Gespräche mit Ruth Roduner 16. August und 27. September 2000.
176 Brief Dutlers vom 2. Februar 1940 an Dr. Stocker. Kopie des Briefes bei Christian Dutler junior.
177 Amtsbericht 1938, in: Erlasse VIII, S. 29.
178 Kirchenratsprotokoll 31. Aug. 1938.
179 Protokoll 14. September 1938.
180 In: StaatsASG, Neues Archiv, A30, Justiz-und Polizeidepartement, stenografische Protokollstrazze 6. September 1938. Vgl. offizielles Regierungsratsprotokoll vom 6. September 1938, in: StaatsASG, ARR.
181 Albert Gemperli, Emil Grünenfelder und Josef Riedener. – Johann Jakob Gabathuler beteiligte sich nicht an der Debatte.
182 Amtsbericht 1940, in: Erlasse VIII, S. 243.
183 Die Schwester von Robert Sturzenegger war mit dem Bruder von Richard Pestalozzi verheiratet.
184 Walter Sturzenegger, *1925, Gespräch vom Dezember 2000.
185 Vgl. dazu Protokoll des Kirchenrates vom 26. November 1940 in: StadtASG KiA.

186 Vgl. dazu Ehrenzeller: Kirchengeschichte der Stadt St. Gallen, Bd. 4, S. 152.

187 Robert Sturzenegger war ein direkter Cousin von Nationalrat Ludwig Rittmeyer. Mit ihm und dessen Frau Dora Rittmeyer verband ihn das mutige Einstehen für die jüdischen Flüchtlinge.

188 StadtASG, KiA, Thek 212, Politica.

189 Kirchenratsprotokoll 8. Dezember 1938.

190 Vgl. dazu vorne: Brief von Lutz an Vogt und Keller wegen Niemöller.

191 StadtASG, KiA Bd. III, Dossier Bekenntniskirche.

192 «Gemeindeblatt der Protestanten von Tablat» Nr. 85, Weihnachten 1938.

193 Erlasse VIII, S. 5/6.

194 Protokoll 18. Januar 1939.

195 Erlasse VIII, S. 5/6. Übrigens erwog der Kirchenrat nie, einen Teil der Kirchensteuern für die Flüchtlinge abzuzweigen. Das geschah auch nicht in den anderen Kantonalkirchen.

196 Erlasse VIII S. 143. Zum Vergleich: Die Bettagskollekte von 1939 betrug Fr. 7647.94, die Reformationskollekte Fr. 7936.05. Diese beiden traditionellen Kollekten wurden an Sonntagen erhoben, an denen für gewöhnlich besonders viele Leute den Gottesdienst besuchten.

197 Erlasse VIII, Protokoll Synode, S. 83.

198 Ebenda, S. 83.

199 Ebenda, S. 87. Der SEK hatte also bereits zuvor beim Bund interveniert.

200 Ebenda, S. 86/87.

201 Amtsbericht 1939, in: Erlasse VIII, S. 141.

202 Vgl. dazu Dora, Cornel in: Ortskirche unterwegs, S. 100/101.

203 Amtsbericht über 1932, in: Erlasse VI, S. 987/988.

204 Hermann Kutter, 1893-1980, wirkte von 1927–1940 als Nachfolger von Eduard Thurneysen im Kirchkreis Bruggen-Winkeln der städtischen Kirchgemeinde Straubenzell. Sein Vater, Hermann Kutter senior, war zusammen mit Leonhard Ragaz der Begründer des religiösen Sozialismus. Auch Hermann Kutter junior war ein Verfechter der religiössozialen Richtung.

205 Protokoll der Synode und Text Motion in: Erlasse VII, S. 565-567.

206 Ebenda, Protokoll der Synode vom 28. Juni 1937, in: Erlasse VII.

207 Amtsbericht über 1937, in: Erlasse VII, S. 615.

208 «Die Front Zürich» in: StadtASG, Thek 212, Politica.

209 Protokoll der Synode vom 27. Juni 1938, in Erlasse VII, S. 677.

210 Bettagsmandat und Bettagsgebete, in: Erlasse VII, S. 575-578 und S.583.

211 Amtsbericht über 1937, in: Erlasse VII, S. 605/6.

212 Bettagsmandat 1938, in: Erlasse VII, S. 687-690.

213 Amtsbericht über 1938, in: Erlasse VIII, S. 27.

214 Bettagsmandat 1940, in: Erlasse VIII, S. 218.

215 Karl Meyer (Historiker an Universität Zürich und ETH) vor 3000 Mitgliedern der FDP Zürich am 22. September 1938. In: NZZ vom 10. Juli 2000, S. 15.

216 Aus: Ziegler: Hans Richard von Fels. Auszüge aus seinen Tagebüchern, Einträge vom 10. und 14. Mai 1940

217 Mitteilung von Pfarrer Hans Fischer junior, *1929, Sohn des gleichnamigen Pfarrers von St. Margrethen.

218 Amtsbericht über 1941, in: Erlasse VIII, S. 395.

219 Stückelberger: 50 Jahre Freie protestantische Vereinigung, S. 43 ff.

220 Gespräch mit Prof. Dr. Eduard Schweizer vom 17. Juli 2000.

221 Erlass Nr. 42 in Bd. VII. und «Fürbitte in unseren Gottesdiensten», in: Erlasse VIII, S. 638. – Aus dem Bettagsmandat 1943 von Kirchenrat Paul Weidenmann, Pfarrer in Marbach, in: Erlasse VIII, S. 630.

222 Protokoll der Synode vom 30. Juni 1941, in: Erlasse VIII, S. 322.

223 Verfasser des Mandates war Kirchenrat Rotach, in: Erlasse VIII, S. 217.

224 Frank Jehle mündlich, gemäss der Erzählung Paul Frehners im September 1969.

225 Gespräch mit Prof. Dr. Eduard Schweizer vom 17. Juli 2000.

226 Kirchenratsprotokoll vom 17. Mai 1940 und Nr. 19, in: Erlasse VIII, S. 98 und 119/120.

227 Karl Barth, Emil Brunner, Georg Thürer, Im Namen Gottes des Allmächtigen. Zürich 1941, S. 3.

228 Gespräch mit Georg Thürer vom 6. Juli 2000. Vgl. auch Thürer: Eidgenössische Erinnerungen. Thürer war Pfarrerssohn.

[229] Protokoll der Synode 1944, in: Erlasse VIII, S. 753/4. Typisch für Stückelberger Denken zur geistigen Landesverteidigung ist die folgende Gedichtstrophe, die er seinen militärischen Freunde widmete: «Seid stark Kameraden, im Innern zumeist.
Da lasst euch nicht brechen und biegen!
Wer seine Heimat nicht schützet im Geist,
Der wird mit der Waffe nicht siegen.»

[230] Die Gornergratspredigt befindet sich im Besitz von Hedwig Candrian.

[231] Vgl. Kreis: Die Schweiz im Zweiten Weltkrieg, S. 37.

[232] Brief Roggwillers vom 9. Juni 1941, im Besitz seiner Tochter Madalena Volkart-Roggwiller. Auch Pfr. Walter protestierte in Bern.

[233] Brief Koechlins vom 11. Juni 1941 an Sturzenegger in: Archiv SEK, Dossier Vorstand, Korrespondenzen 1941-1954.

[234] Vorstandsprotokolle 1940-42 in: Archiv des SEK. Es liessen sich aus diesen beiden Jahren nur die französischen Protokolle finden.

[235] «Toggenburger Kirchenbote» vom 1. März 1941, S.4/5.

[236] Vgl. Stückelberger: 50 Jahre Freie protestantische Vereinigung, S.41.

[237] Mitteilung des Bruders, Pfarrer Paul Henrich. Henrich berichtet, er als Deutscher sei an der Kantonsschule St. Gallen von Mitschülern oft angefeindet worden, obwohl die ganze Familie antinationalsozialistisch eingestellt war.

[238] Métraux, S. 67/8.

[239] 1940,3,12, Métraux, S. 72.

[240] Bethge, Eberhard: Dietrich Bonhoeffer, Theologe, Christ, Zeitgenosse, München 1967, S. 766 und S. 802. Vgl. auch «Orientierung» 15./31. Juli 2001.

[241] Er schrieb unter anderen an Bischof Bell von Chichester.

[242] Bonhoeffer reiste auch nach Genf, wo er Visser't Hooft vom «Vorläufigen Weltkirchenrat» traf. Natürlich machte er auch bei Karl Barth und Alphons Koechlin in Basel Station. Die Schweiz wurde so zur Drehscheibe des deutschen Widerstandes. Bethge, S. 817.

[243] Erwin Sutz, 1906-1987, war einer der engsten Schüler Emil Brunners, stand Karl Barth theologisch jedoch näher. Nach seiner Zeit in Rapperswil war er Pfarrer an der Kreuzkirche in Zürich-Hottingen und galt als einer der profiliertesten Vertreter seiner Generation.

[244] Stuber, Martha: 150 Jahre Evangelisch Rapperswil-Jona, S. 29.

[245] Bethge, S. 817.

246 Sutz, Erwin: Der Ölbaum. In: Kirchenblatt für die reformierte Schweiz 98 (1942), S. 65/66.
247 Gespräch mit Maja und Peter Zimmermann-Naef, vom September 2000.
248 Erlasse VIII, Amtsbericht 1939, S. 140.
249 Erlasse VIII, Protokoll Synode 24. Juni 1940, S. 203.
250 «Meine Tätigkeit in der Flüchtlingshilfe» von Richard Pestalozzi, abgeschlossen 1962, S. 2., Manuskript im Besitz von Prof. Dr. Karl Pestalozzi, *1929, Sohn von Richard Pestalozzi.
251 «Gemeindeblatt der Protestanten von Tablat» Nr. 87, September 1939 S. 3. Die knapp 19'000 Juden in der Schweiz, wovon die Hälfte Schweizer waren, brachten 1933 bis 1945 insgesamt über 9 Millionen Franken aus eigenen Mitteln für die Flüchtlinge auf, in heutigem Geld etwa 180 Millionen. Vgl. «Bergier-Bericht», S. 63 und 203 ff. sowie Picard, S. 61.
252 «Meine Tätigkeit in der Flüchtlingshilfe», S. 14.
253 Aussagen von Prof. Dr. Karl Pestalozzi.
254 Amtsbericht 1943, in: Erlasse VIII, S. 685.
255 Richard Pestalozzi fragte ein Jahr vor seinem Tode besorgt: «Gibt es wohl einmal eine wirkliche Heimat für ihn?» Pestalozzis Sohn, Prof. Karl Pestalozzi, steht noch heute – 2001 – täglich in telefonischem Kontakt mit dem unterdessen bejahrten E. C. Vgl. auch «Meine Tätigkeit in der Flüchtlingshilfe», S. 30-34.
256 StadtASG, KiA, Bd. III, Umschlag Flüchtlingshilfe, Bericht Pestalozzi vom 26. Nov. 1940, Manuskript.
257 StadtASG, KiA, Bd. III, Dossier Flüchtlingshilfe, Bericht Pestalozzi vom 26. Nov. 1940.
258 «Toggenburger Kirchenbote» vom 9. September 1939, S. 4/5.
259 Bericht Pestalozzi 26. Nov. 1940 in: StadtASG, KiA, Bd. III, Dossier Flüchtlingshilfe.
260 Aus: Zuschriften kantonaler Behörde an den Kirchenrat, in: StadtASG, KiA, Thek 64.
261 StadtASG, KiA, Bd. III, Dossier Flüchtlingshilfe. Im vollen Jahr 1940 betrug der Eingang Fr. 22'136.80. Vgl. auch Erlasse VIII, Amtsbericht 1940, S. 247.
262 «Meine Tätigkeit in der Flüchtlingshilfe», S. 3. In Rapperswil war es der Kirchgemeindepräsident Pfister-Boller mitsamt seiner Familie, welcher den Einzug des Flüchtlingsbatzens organisierte, in Herisau eine Frau Balmer, in Rehetobel ein «Frl. M. Zingg», in Speicher «ein

junger Mann». Für jeden Spender wurde eine Sammelkarte geführt. Pro Monat erwartete man 10 – 50 Rappen, pro Jahr im Durchschnitt Fr. 3.60. (Teilt man das Resultat von Fr. 22'284.- des ersten Sammeljahres durch diese Fr. 3.60, so kommt man auf 6200 Haushalte. Das ist ein Zeichen für die rasche Verankerung der Idee beim Kirchenvolk.) – Wer regelmässig bezahlte, erhielt die 4-seitige monatliche Broschüre «Nicht fürchten ist der Harnisch», in welcher bewegende Schicksale von Flüchtlingen geschildert waren. Ein grosser Teil dieser Broschüren wurde von Paul Vogt verfasst.

263 Alle Zahlen aus: Archiv des Kirchenrates, Thek 62.

264 Das SEHBKD in Zürich erhielt im Jahr 1940 insgesamt Fr. 16'000.- von den landeskirchlichen Flüchtlingshilfen. Auch wenn 1940 der st. gallische Beitrag auf die Organisationen in Zürich und in Bern aufgeteilt wurde, so ist doch davon auszugehen, dass ein wesentlicher Teil der Fr. 16.000.- st. gallischen Ursprungs war.

265 Vgl. auch Kocher, S. 166/167.

266 In: StadtASG, KiA, Bd. III, Dossier Flüchtlingshilfe, Bericht von Richard Pestalozzi an den Kirchenrat vom 26. Nov. 1940.

267 Ebenda.

268 Ebenda.

269 Erlasse VIII, Amtsbericht 1942, S. 551.

270 1. Bericht Pestalozzi, in: StadtASG, Bd. III. Dossier Flüchtlingshilfe.

271 Brief von Prof. Theodor Bätscher vom 20. Juni 2001 an M. Jehle.

272 Laut Auskunft des Staatsarchivs handelt es sich um die Handschrift von Dr. Gustav Studer, Chef der Kantonalen Fremdenpolizei. «Aufruf» in: StaatsASG, A 143/9.1.

273 Briefwechsel in: StaatsASG, A 143/9.2.

274 Erlasse VIII, Amtsbericht 1939, S. 140.

275 Vgl. Protokoll des Kirchenrates vom 10. Juli 1940.

276 Vgl. Protokoll vom 28. August 1940.

277 StadtASG KiA Bd. III, Dossier Bekenntniskirche, Jahresbericht 1941 des SEHBKD, verfasst von Paul Vogt. Ebenda: Laut Jahresbericht von Richard Pestalozzi für die Zeit vom 1. September 1940 bis 31. August 1941 kamen Fr. 23'525.83 an Flüchtlingsbatzen, Kollekten und Spenden zusammen.

278 In Luzern war Pfr. Hans Wildberger für den «Flüchtlingsbatzen» verantwortlich.

279 Wolf, S. 67.

280 Man müsste prüfen, ob von diesen und anderen Landeskirchen nicht beträchtliche Gelder an die vom Ehepaar Ragaz geleitete «Auskunftsstelle für Flüchtlinge» in Zürich oder an die ebenfalls evangelische «Flüchtlingshilfe der Kreuzritter» (CFD) von Gertrud Kurz in Bern oder an das jüdisch-evangelisch geprägte SHEK oder an ein weltliches Hilfswerk gingen.

281 StadtASG, KiA Bd. III, Dossier Flüchtlingshilfe, Jahresbericht der Landeskirchlichen Flüchtlingshilfe St. Gallen-Appenzell 1940/41, Broschüre, verfasst von Richard Pestalozzi.

282 «Meine Tätigkeit in der Flüchtlingshilfe», S. 3.

283 Ebenda S. 9.

284 Ebenda S. 24-26.

285 Bericht des Flüchtlingspfarramtes und der evangelischen Freiplatzaktion vom 1. Juli 1944 bis 31. Dezember 1945. Gedruckt, in: StadtASG, BD. III, Dossier Flüchtlinge.

286 «Meine Tätigkeit in der Flüchtlingshilfe», S. 2.

287 Ebenda, S. 2/3.

288 Ebenda S. 2 und Jahresbericht für das Jahr 1942, Manuskript, StadtASG, Bd. III, Dossier Flüchtlingshilfe. Leider, klagt Pestalozzi, stünden in der Ostschweiz fast keine Referenten zur Verfügung, die in der Flüchtlingsfrage bewandert seien.

289 «Meine Tätigkeit in der Flüchtlingshilfe», S. 12.

290 Ebenda S. 6.

291 Ebenda S. 7.

292 Mitgeteilt von Karl Pestalozzi.

293 «Meine Tätigkeit in der Flüchtlingshilfe», S. 7. Anlässlich eines Vortrags Rothmunds in Wattwil drückte auch Pfarrer Carl Gsell seine «Bedenken darüber aus, dass oft ... Flüchtlinge zurückgewiesen wurden». St. Galler Tagblatt vom 20. November 1944. Dr. iur. Carl Gsell forderte an der Synode 1946 als Erster das kirchliche Frauenstimmrecht. 1952 wurde er Redaktor des neu geschaffenen kantonalen «Kirchenboten».

294 Ebenda, S. 7.

295 «Meine Tätigkeit in der Flüchtlingshilfe», S. 14 ff.

296 Picard, S. 429.

297 Kocher, S. 187. Eine der Organisatorinnen des «Schleppertums» war die St. Galler Jüdin Recha Sternbuch. Sie machte ihre Wohnung in St. Gallen zu einer Art Durchgangslager für die von ihr Geretteten. 1941 wurde Frau Sternbuch verhaftet, mangels Beweisen jedoch freigesprochen. Vgl. Picard S. 333.

298 Picard, S. 406 und 408. Vgl. auch «Bergier-Bericht», S. 88 ff. und Kocher, S. 194 und 564.

299 Kocher, S. 195.

300 Jahresbericht des SEK 1942/44, S. 4, in: Archiv des SEK. Vielleicht übertrieb Koechlin den Einfluss seiner Interventionen, vgl. Kocher S. 231 ff.

301 Visitation 43/44, in: StadtASG, KiA, Thek 107.

302 Ludwig, Carl: Die Flüchtlingspolitik der Schweiz seit 1933 bis zur Gegenwart, Bern 1957, S. 393.

303 Georg Kreis schreibt von - laut offiziellen Zahlen - 9600 Zivilflüchtlingen sowie 12'000 Militärinternierten, in: Die Schweiz im Zweiten Weltkrieg, S. 121. Ludwig Rittmeyer sprach im Sept. 1942 im Nationalrat von 7000 Emigranten.

304 Handakten Eduard von Steiger, E 4001 ©-/1, Bd. 185, Dossier 100.15 Junge Kirche in: Bundesarchiv Bern. Vgl. auch Kocher S. 577.

305 Ebenda. Informationen hatten die Mädchen wohl von Pfarrer Walter.

306 Kocher, S. 193. Vgl. «Ostschweizerisches Tagblatt», 7. Sept. 1942.

307 «Ostschweizerisches Tagblatt» vom 7. Sept. 1942.

308 Ebenda, Vgl. das Manuskript eines Artikels von Heidi Wildi-Weber, der im Brückenbauer Nr. 49, 1967 erschien, im Privatarchiv Wildi.

309 Notiz des Klassenlehrers Richard Grünberger in seinem Tagebuch. Privatarchiv Martin Grünberger, Sohn des Lehrers.

310 Der volle Wortlaut des Briefes ist wiedergegeben in: Burri, Katri/ Maissen, Thomas: Bilder aus der Schweiz 1933-1945, Zürich 1997, S. 221/222.

311 Gespräche mit Edwin Wildi, *1930, Ehemann von Heidi Weber, vom 21. Januar und 23. März 2001.

312 Brief des Polizeidepartementes, nach: Tagebucheintrag von Richard Grünberger vom 23. Okt. 1942, im Familienarchiv M. Grünberger.

313 Vgl. Tagebucheintrag Grünberger vom 23. Oktober.

314 Burri, Katri,/Maissen, Thomas : Bilder aus der Schweiz, S. 224-227.

315 Vgl. Artikel von Heidi Wildi-Weber für den «Brückenbauer» Nr. 49, 1967.

316 Ebenda.

317 Ebenda.

318 Aussage von Edwin Wildi.

319 Aussage des Sohnes, Martin Grünberger. Gespräch vom 20. Januar 2001.

320 Rosmarie de Lucca-Gansner, *1927, Gespräch vom 27. Januar 2001.

321 Grünberger war Schwiegersohn von Pfarrer Ernst Egger. Er nahm wegen des Briefes und der «Verhöre» auch Kontakt mit dem Rorschacher Pfarrer Gottlieb Roggwiller auf, wie ein Tagebucheintrag Grünbergers deutlich macht.

322 Burri, Katri/Maissen, Thomas : Bilder aus der Schweiz, S. 221/2.

323 Gespräch mit Rosmarie de Lucca-Gansner vom 20. Januar 2001.

324 Die Kopien der Briefe befinden sich im Privatarchiv Edwin Wildi. Der zuletzt zitierte richtet sich an die «Familie Barth», Cousin von Karl Barth. Alle Angaben zur erwachsenen Heidi Weber verdanke ich Edwin Wildi.

325 Protokoll der Synode 1941, in: Erlasse VIII, S. 324.

326 Bettagsmandat 1942, in: Erlasse VIII, S. 490.

327 Aus der Liturgie zum Buss-, Dank- und Bettag 1942, in: Erlasse VIII, S. 495. Werner Tanner, 1912–1983, damals Pfarrer in St. Peterzell, später in Bischofszell und zuletzt in Wittenbach.

328 Der volle Wortlaut des Schreibens befindet sich in Erlasse VIII, S. 503/4. Zum Vergleich: «Alles in allem blieb die katholische Amtskirche auch 1942 stumm und erkannte die Singularität der Verbrechen an den Juden nicht.» So hart urteilt Urs Altermatt, Historiker in Freiburg, über seine eigene Kirche. Vgl. sein Buch S. 250.

329 Brief Pestalozzis an Regierungsrat Kessler vom 23. Oktober 1942 in: StaatsASG, A 16 / 41.538. Ich konnte nicht eruieren, ob er teilnahm.

330 Protokoll des Regierungsrates vom 24. November 1942, 549. Band, 1942, IV. Quartal, Nr. 1749 in: StaatsASG, ARR.

331 Vgl. ARR - Archiv Regierungsrat, 1942, Akte 1749, StaatsASG.

332 Wolf, Walter: Eine namenlose Not bittet um Einlass, S. 69.

333 Amtsbericht über 1943, in: Erlasse VIII, S. 685.

334 Amtsbericht über 1942, in: Erlasse VIII, S. 551.

335 Vgl. Protokoll des Kirchenrates vom 26. Mai 1943, in: Archiv des Kirchenrates. Pestalozzi schrieb von Fr. 52'300.-, vgl. S. 105.

336 Vgl. Picard, S. 432.

[337] Archiv des SEK, Dossier SEK-Mitgliedkirchen, St. Gallen.

[338] Ebenda.

[339] Ebenda.

[340] Protokoll des Vorstandes des SEK vom 7. Mai 1942, in Archiv des SEK.

[341] Vgl. dazu auch Picard, S. 432.

[342] Der Brief liegt im Archiv des SEK, Dossier 323.1, Flüchtlingspolitik.

[343] Böhringer legte dem Brief das St. Galler Tagblatt vom 15. August 1942 bei, welches in diesem Sinne orientierte.

[344] Brief Koechlins an Böhringer vom 20. August 1942 im Archiv SEK, Dossier 323-1. Flüchtlingspolitik.

[345] Vg. Kocher, S. 240.

[346] Amtsbericht über 1943, in: Erlasse VIII, S. 679/80.

[347] Beide in: «Evangelisches Gemeindeblatt Straubenzell» , Nr. 100, Bettag 1942, S. 617/18. Christian Lendi-Wolff (1899–1979) war 1936-1947 Pfarrer im Kirchkreis Lachen-Vonwil der Kirchgemeinde Straubenzell. 1947-1964 wirkte er zu St. Laurenzen, wurde 1958 Dekan und 1964 Kirchenratspräsident als Nachfolger Richard Pestalozzis.

[348] St. Margrethen. Die Pforte der Hölle, Broschüre von A. Fischer, St. Margrethen 1953, S. 4. Die Broschüre befindet sich im Besitz von Frau Volkart-Roggwiller.

[349] Ebenda, S. 7/8.

[350] Hans Fischer junior in: Die Schweiz 1939-1945 «Damit unsere Nachkommen nicht vergessen», S. 49.

[351] Mitteilungen von Magdalena Volkart-Roggwiller und der ehemaligen Haushalthilfe.

[352] Brief Koechlins an Sturzenegger in: Archiv SEK, Dossier Vorstand, Korrespondenzen 1941-1954. Alphons Koechlin, 1885–1965, war einer der bedeutendsten Kirchenmänner des 20. Jahrhunderts, nicht nur im schweizerischen, sondern auch im internationalen Kontext. Seit 1926 Vizepräsident des internationalen YMCA – Christlicher Verein Junger Männer – , berief ihn seine Vaterstadt Basel 1933 zum Präsidenten des Basler Kirchenrates. 1936 übernahm er zusätzlich das Präsidium der Basler Mission, die nicht nur die wichtigste Missionsgesellschaft der Schweiz war und ist, sondern auch mit dem süddeutschen Protestantismus verbunden war. Das verlangte in der Zeit des Nationalsozialismus viel Fingerspitzengefühl. Koechlin gehörte zu den frühen Ökumenikern und war

insbesondere dem bedeutenden anglikanischen Bischof George Bell von Chichester verbunden. In unzähligen Briefen unterrichtete er ihn über den Fortgang des Kirchenkampfes in Deutschland. Die ökumenischen Ämter Koechlins brachten zahlreiche Reisen nach der internationalen Drehscheibe Genf mit sich, so dass er aus erster Hand Informationen über die Flüchtlinge erhielt. Koechlin war ein enger Vertrauter von Karl Barth und Eduard Thurneysen. Vgl. Archiv SEK, Ordner Vorstandsprotokolle 1940-1942, Sitzung vom 18. Dezember 1940. Vgl. Vorwort von: George Bell, Alphons Koechlin, Briefwechsel 1933-1954, hrsg. von Andreas Lindt, Zürich 1969.

353 Vgl. Protokoll der Synode vom 19. Juni 1939, in: Erlasse VIII, S. 87.

354 SEK, Ordner Vorstandsprotokolle 1940-1942, Sitzungen vom 9. April und 5. November 1942. Die Protokolle sind – wie es scheint – nur in der französischen Fassung erhalten.

355 Brief Sturzeneggers vom Archiv des SEK, Dossier Vorstand, Korrespondenzen 1941–1954. Vgl. auch Kocher, S. 210 und 572.

356 Ebenda, Karte vom 20. August 1942.

357 Brief Koechlins an Rothmund vom 19. August 1942 in: SEK, Dossier 323.1, Flüchtlingspolitik.

358 Brief Koechlins an Sturzenegger vom 20. August 1942, SEK, Dossier Vorstand, Korrespondenz 1941–1954.

359 SEK, Dossier 323.1, Flüchtlingspolitik sowie Dossier Vorstand, Korrespondenzen 1941–1954.

360 Brief Koechlins vom 22. August an von Steiger in: Archiv SEK, Dossier 323.1, Flüchtlingspolitik.

361 Vgl. dazu auch Kocher, S. 211.

362 Zum Erfolg trug auch der «Schweizerische (evangelische) Verband Frauenhilfe» bei. In einer Eingabe an von Steiger machte die «Frauenhilfe» den Vorschlag, möglichst viele ihrer Mitglieder zu verpflichten, monatlich eine Summe zu zahlen und 200 Gramm von der Lebensmittelkarte abzugeben. Kocher S. 217 und S. 574, Anmerkungen 186-188. Sie führte in ihren Sektionen Sammlungen zugunsten der Flüchtlinge durch. Für die Sektion St. Gallen ist zudem der Fall einer Flüchtlingsfrau dokumentiert, die zu ihren zwei Kindern noch ein drittes bekam und von der Frauenhilfe betreut wurde. Protokoll Vorstand Frauenhilfe vom 3. April 1946 in: Archiv für Frauen- und Geschlechtergeschichte, St. Gallen.

363 Ludwig, Carl, S. 224.

364 Brief Koechlins vom 26. Oktober 1942 und Antwortbrief 30. Oktober 1942. Beides in: SEK, Dossier Vorstand, Korrespondenzen 1941-1954.

365 Vgl. dazu Ursula Käser-Leisibach, S. 133.

366 Kocher, S. 241, und «Bergier-Bericht», S. 152, Anm. 272.

367 Brief vom 17. Februar 1943 SEK, Dossier Vorstand, Korrespondenzen 1941-1954.

368 Kocher, S. 241. Sturzenegger war laut Aussage seines Sohnes auch bei einem der Gespräche mit von Steiger dabei. Das konnte ich allerdings nicht verifizieren.

369 Brief im Archiv SEK, Dossier Vorstand, Korrespondenzen 1941-1954.

370 Ebenda.

371 Protokoll der Synode vom 28. Juni 1943, in: Erlasse VIII, S. 615.

372 Protokoll der Synode vom 28. Juni 1943, in: Erlasse VIII, S. 615/16. Im Kirchenbund vertrat Sturzenegger die Meinung: «Wenn die Kirchen in der Freiplatzaktion versagen sollten, dann hätten sie sich allerdings allen Rechtes zu Protesten und Resolutionen begeben.» SEK, Vorstandsprotokolle, Sitzung vom 15. Juli 1943.

373 Das genaue Stimmenverhältnis wird nicht genannt.

374 Von kirchlicher Seite wurden damals in Zusammenarbeit mit Marc Boegner, Präsident evangelischen Kirchenbundes Frankreichs, Listen mit sog. «non refoulables», d. h. nicht Zurückzuweisenden, erstellt. Vgl. Kocher, S. 227 ff.

375 Die Zahl der Militärflüchtlinge betrug 39'712. Vgl. Jahresbericht des SEK 1943/44 in: Archiv des SEK.

376 Nr. 89, in: Erlasse VIII, S. 609/610.

377 StaatsASG A 143, Kant. Fremdenpolizei, Personenakten.

378 Aussage von Magdalena Volkart-Roggwiller.

379 Amtsbericht über 1943, in: Erlasse VIII, S. 685.

380 Brief in: StadtASG, KiA, Thek 85, Mappe 4.

381 Ebenda. Vgl. auch Protokoll des Regierungsrates vom 11. Oktober 1943 Nr. 1439 in: StaatsASG.

382 Bettagsmandat 1943 von Kirchenrat Paul Weidenmann, in: Erlasse VIII, S. 630.

383 St. Galler Tagblatt, 5. Januar 1999.

384 «Bergier-Bericht», S. 143, 145, 46, 99.

385 Auskunftspersonen waren: Dr. Heiner Rittmeyer, *1935, Zürich, und Nelly Rittmeyer-Wildi, *1915, St. Gallen.

386 Nach Aussage von Heiner Rittmeyer.

387 Rittmeyer, Heiner, in: Zur Erinnerung an Dr. iur. Ludwig Rittmeyer, 5. Juli 1897 – 26. Sept. 1963, S. 6.

388 Ebenda, Lendi-Wolff, S. 16/17.

389 Ebenda, S. 17.

390 Vgl. 1928-1968 Jungliberale Bewegung der Schweiz, Separatdruck aus «Politische Rundschau» 1969; Ort ungenannt.

391 Ludwig Rittmeyer: Demokratie in Gefahr, in: Diktatur oder Demokratie? Kampfschrift der Jungliberalen Bewegung, Zollikofer St. Gallen, vermutlich Ende Dez. 1933, S. 17.

392 Thürer, Georg, St. Galler Geschichte Bd. II, St. Gallen, 1972, S. 513/4.

393 Zur Erinnerung an Dr. iur. Ludwig Rittmeyer, S. 10.

394 «Bergier-Bericht», S. 143.

395 Zu den Ereignissen an der Schaffhauser Grenze vgl. «Schaffhauser Nachrichten» vom 2. Dezember 2000. Offensichtlich war Frölicher falsch informiert. Zu Rittmeyers Polen-Intervention vgl. «Bergier-Bericht», S. 46.

396 Rede Rittmeyers in: Schweiz. Bundesarchiv, E 1303-IV, Bd. Nr. 352, S. 89-97.

397 Stadtarchiv St. Gallen, Kirchenarchiv, Schachtel III, Umschlag 3: Flüchtlingshilfe.

398 Rittmeyer, Heiner, in: Dora J. Rittmeyer-Iselin 1902–1974, Nachruf, S. 14.

399 Ebenda, S. 10-12.

400 Ebenda, Dr. med. E. Biaudet-Hedinger, S. 22.

401 Sutro, Nelly: Jugend auf der Flucht 1933-1948, Europa Verlag Zürich, 1952, S. 28.

402 «Evang. Kirchenbote für Rheintal, Werdenberg, Sargans» vom 15. November 1943, S. 65.

403 Sutro, Nelly, S. 26.

404 Ebenda S. 64.

405 2. Tätigkeitsbericht der St. Galler Hilfe für Emigrantenkinder, Juni 1936 – Juni 1937.

406 3. Tätigkeitsbericht Juni 1937 – Juni 1938.

407 Sutro, Nelly, S. 69.

408 An der Webergasse befand sich das Büro der St. Galler Sektion des SHEK.

409 5. Tätigkeitsbericht Juli 1939 – Juni 1940.

410 Rothschild, Lothar: Im Strom der Zeit, Hundert Jahre Israelitische Gemeinde St. Gallen 1863 – 1963, St. Gallen, 1963.

411 Vgl. Sutro, Nelly: Jugend auf der Flucht 1933-1948, S. 97.

412 Rittmeyer, Heiner, in: Dora J. Rittmeyer-Iselin, S. 11.

413 Sutro, S. 227.

414 Stegemann, Ekkehard W.: Vom Unverständnis eines Wohlmeinenden. Der reformierte Theologe Wilhelm Vischer und sein Verhältnis zum Judentum während der Zeit des Nationalsozialismus, S. 501/2, in Mattioli Hg., Antisemitismus.

415 Bonjour, Edgar: Geschichte der schweizerischen Neutralität. Vier Jahrhunderte eidgenössischer Aussenpolitik, Bd. III, Basel, 1970, S. 41.

416 Altermatt, S. 310.

417 Ebenda, S. 116. Nach Altermatt machte es der «Code der ‹Überfremdung›» möglich, sich vom nazistischen Deutschland abzugrenzen und gleichzeitig selber Antisemitismus zu praktizieren. Ebenda, S. 180. Unter der Prämisse, einen schweizerischen Antisemitismus verhüten zu wollen, habe man die jüdischen Flüchtlinge von der Schweiz ferngehalten. Picard spricht in diesem Zusammenhang von der «Verschweizerung» des Antisemitismus. Vgl. Picard, S. 38.

418 Altermatt, S. 94; 95; 109; 118; 172.

419 Ebenda, S. 236.

420 Roschewski, Heinz: Rothmund und die Juden, S.46/47.

421 SEK, Vorstandsprotokolle, Sitzung vom 13. April 1944.

422 Professor Adolf Köberle (damals an der Universität Basel), ein typischer Vertreter des christlichen Antijudaismus, im «Ev. Kirchenboten für das Rheintal» vom 15. Sept. 1933.

423 Erschienen in Zollikon, 1942. Das Buch ist «Den Freunden des Schweiz. Evang. Hilfswerkes für die Bekennende Kirche in Deutschland» gewidmet. Die folgenden Zitate S. 22, 5, 11, 34, 43, 40 und 174.

424 Hug, Herbert im «Evang. Kirchenboten für Rheintal, Werdenberg, Sargans» vom 15. August 1943.

425 Kocher, S. 438 und S. 628.

426 Tobler, Brigitte in: «lamed» 4/1998, S. 11.

427 Der ehemalige Pfarrer von St. Leonhard, Walter Hoch, machte sich in seinem «Kompass durch die Judenfrage» noch 1944 für die traditionelle Judenmission stark. Vgl. S. 222 und 146. Hingegen legte auch er ein klares Schuldgeständnis ab: «Wer die Schuld- und Leidensgeschichte des jüdischen Volkes unter der christlichen Völkern betrachtet, erkennt die tiefe Schuld der Christenheit gegenüber den Juden.» Ebenda, S. 142.

428 Protokoll des SEK, 10. Dezember 1942. Aus dem Protokoll der Sitzung des Komitees des Schweiz. Evang. Hilfswerkes der Bekennenden Kirche in Deutschland vom 25. Nov. 1942 geht hervor, dass Karl Barth diese Bedenken teilte: «Ein allfälliges Memorandum» – so seine Kritik laut Protokoll – «hätte die Aufgabe, sich auf Fragen des Antisemitismus in der Schweiz zu beschränken und die konkrete Fragen genauer zu visieren.» Dennoch wollte er sich nicht desolidarisieren und unterschrieb.

429 Protokoll SEK vom 14. Januar 1943.

430 Archiv SEK, Dossier 323.1, Flüchtlingspolitik.

431 Altermatt S. 251/252.

432 Brief Sturzeneggers an Eduard Thurneysen, unterdessen auch nebenamtlicher Professor an der Universität Basel, in: SEK, Dossier 323.1, Flüchtlingspolitik.

433 Im «Gemeindeblatt der Protestanten von Tablat» von Weihnachten 1942 schreibt er – ganz im überlieferten Denkmuster – vom «auserwählten Volk»: «In seinem starren hochmütigen Wesen hat es seinen eigenen Erlöser verworfen und gekreuzigt. Darob ist es dem Gericht Gottes verfallen ...»

434 Formulierung aus dem Weihnachtsbrief des SEHBKD.

435 Archiv SEK, Dossier 323.1, Flüchtlingspolitik, wo die ganze Predigt Dr. Weils nachgelesen werden kann.

436 Fragenkatalog in: Erlasse VIII, S. 520.

437 Protokoll des Kirchenrates vom 17. Juni 1942 in: Archiv des Kirchenrates.

438 Gespräch vom 17. Juli 2000.

439 Visitationsbericht 1943/44, Antwortbögen, in: StadtASG KiA, Thek 107.

440 Diese und die folgenden Zitate sind den Antwortbögen zur Visitation 1943/44 entnommen, in: StadtASG, KiA, Thek 107.

441 Rückmeldungen zu Antisemitismusfrage der Visitation 1943/44 in: StadtASG, KiA Thek 107.

442 Visitationsbericht 43/44 S. 45.

443 Mitteilung von Hans Fischer junior.

444 Aus: «Zum Hinschied von Frau Pfr. A. Fischer-Stähli» von Werner Volkart, Manuskript. Zitat aus: A. Fischer: Sankt Margrethen, Die Pforte der Hölle, S. 13. Beides im Besitz von Magdalena Volkart Roggwiller.

445 Tagebucheintrag vom 13. Dezember 1944, in: Ziegler: Hans Richard von Fels. Auszüge aus seinen Tagebüchern 1933-1945, S. 178. Vgl. auch Ziegler: Als der Krieg zu Ende war, S. 149 ff.

446 Jahresbericht über 1945 von R. Abderhalden vom 9. März 1946, Manuskript, zur Verfügung gestellt von Dora Gut.

447 Erlasse IX, Nr. 4, S. 10 f.

448 Aus: «Evang. Kirchenbote für Rheintal, Werdenberg, Sargans» vom 15. Mai 1945, S. 33. Nicht alle Kirchenboten druckten die kirchenrätliche Botschaft ab, einige schrieben eigene Artikel zum Kriegsende.

449 Ziegler: Hans Richard von Fels, Tagebucheintrag 8. Mai 1945.

450 Specker, Louis in: Rorschacher Neujahrsblatt 1995, S. 48.

451 Barth, Karl: Eine Schweizer Stimme 1938-1945, 3. Auflage. Zürich 1985, S 337. Vgl. Jehle: Lieber unangenehm laut als angenehm leise, S. 105 ff.

452 Auszug aus dem Bericht von Prof. Dr. Georg Thürer von 1946 über die «Hilfsaktion für München» in: Stadtarchiv St. Gallen, Kirchenarchiv, Bd. III, Umschlag 2: Deutschlandhilfe.

453 Thürer: Eidgenössische Erinnerungen, S. 70 ff., und: Erlasse IX, S. 176 und StadtASG KiA Bd. 3 «Deutschlandhilfe».

454 Vgl. Kurz, Gertrud: Unterwegs für den Frieden. Ergebnisse und Erfahrungen, S. 36.

455 Ebenda, S. 37.

456 Gebet von Pfarrer Jakob Karrer, Buchen, in: Erlasse VIII, S. 220/1.

457 Amtsbericht über 1941, in: Erlasse VIII, S. 376. Vermutlich sind diese Worte der Feder von Kirchenratspräsident Ernst Etter entsprungen.

458 Bettagsmandat 1943, verfasst von Kirchenrat Paul Weidenmann, in: Erlasse VIII, S. 631/2.

459 Bettagsmandat 1944 von Kirchenrat Hans Ernst Wohlfender, Pfarrer in Oberuzwil.

460 Protokoll der Synode vom 24. Juni 1945, in: Erlasse IX, S. 108/9.

461 Vgl. Hagmann, Werner, S. 250 ff.

462 Azmoos-Trübbach wird die Kirchgemeinde erst seit 1945 genannt.

463 Protokoll der Synode 25./26. Juni 1933, in: Erlasse VII, S. 86.

464 Protokoll der Synode vom 24./25. Juni 1934, in: Erlasse VII, S.9.

465 Erlasse VIII, S. 26, und Hagmann, vor allem S. 258 ff.

466 Zur politischen Entwicklung Wirths vgl. Hagmann, S. 250-252.

467 Hagmann, S. 252.

[468] Protokoll des Kirchenrates vom 24. Mai 1939 in: Protokolle des Kirchenrates Band XIII, 1931 - 1941, in: StadtASG, KiA.

[469] Ebenda, Protokoll des Kirchenrates vom 30. August 1939.

[470] An der Sitzung vom 9. Januar 1941 erklärte Kobelt den Rücktritt aus dem Kirchenrat. Bis zur Synode 1941 leitete Pfr. Etter als Vizepräsident, danach für ein Jahr als Präsident die Sitzungen des Kirchenrates. Vgl. Protokolle Kirchenrat 27. Dez. 1940 und 9. Jan. 1941. Vgl. auch Hagmann S. 261 f.

[471] Protokoll Kirchenrat vom 27. Dez 1940.

[472] Protokoll Kirchenrat 27. Dez. 1940.

[473] Dieses und die folgenden Zitate Protokoll Kirchenrat 27. Dez. 1940.

[474] Protokoll Kirchenrat 9. Jan. 1941.

[475] Vgl. Protokoll Kirchenrat 9. Jan. 1941 und die folgenden Protokolle.

[476] Vgl. Protokoll Kirchenrat 30. April 1941.

[477] D. h. in den «Werdenberger & Obertoggenburger», Vgl. Hagmann S. 233/234.

[478] Amtsbericht 1941, in: Erlasse VIII, S. 380. Die Synode hatte sich deshalb später mit der Revision des Artikels 99 der Kirchenordnung zu befassen.

[479] Weber wurde später als Pfarrer gewählt.

[480] Protokolle Kirchenrat 23. Januar und 30. April 1941.

[481] Protokoll Kirchenrat 13. Juni 1941, Archiv Kirchenrat.

[482] Vgl. Protokoll Kirchenrat 19. August 1941 und Hagmann S. 263.

[483] Amtsbericht 1941, in: Erlasse VIII, S. 380. Militärische Stellen waren wegen der Nähe der Festung Sargans besorgt und deshalb an Wirths Entfernung interessiert.

[484] Protokoll Kirchenrat 19. Nov. 1941, Archiv Kirchenrat.

[485] Vgl. Hagmann ,S. 264.

[486] Vgl. Protokolle Kirchenrat 14. und 20. Januar und 18. Februar 1942.

[487] Vgl. Hagmann, S. 265 f. Wie Hagmann ausführt, arbeitete er in Deutschland gegen die Schweiz. Für den Fall des erhofften politischen Umsturzes in der Heimat behielt er sich einen Posten in der obersten Landesregierung vor. Er schlug auch die Erstellung von Listen aller «Reichsfeinde» vor, die nach der Machtergreifung der Nationalsozialisten in der Schweiz verhaftet werden sollten.

[488] Protokoll Kirchenrat vom 19. Dezember 1945, Archiv Kirchenrat.

[489] Bundesarchiv BAR E 4320 (B) 1968/195, Bd. 38 C.02-77.

490 Vgl. dazu die Protokolle des Kirchenrates vom Jahr 1941, Archiv Kirchenrat.

491 Amtsbericht 1941, in: Erlasse VIII, S. 380.

492 Protokoll Kirchenrat 30. April 1941 im StadtASG KiA und vom 13. Juni 1941 im Archiv Kirchenrat.

493 Vgl. Beobachter, Nr. 7, 15. April 1951.

494 Protokoll der a. o. Synode vom 29. Jan. 1951, in: Erlasse X; S. 38/39.

Quellen- und Literaturverzeichnis

QUELLEN

a) *Ungedruckte*

- Bundesarchiv Bern
- Archiv des SEK (Schweizerischer Evangelischer Kirchenbund) Bern
- ETH-Archiv für Zeitgeschichte, Zürich, Nachlass Paul Vogt
- Archiv des Kirchenrates, St. Gallen (u. a. Kirchenratsprotokolle ab Juli 1941)
- KiA (Kirchenarchiv, u.a. Kirchenratsprotokolle bis 6. Juni 1941) in: Stadtarchiv St. Gallen (StadtASG)
- Staatsarchiv des Kantons St. Gallen (StaatsASG)
- Archiv der Kirchgemeinde Grabs
- Private Archive: Candrian, Dutler, Gut, Pestalozzi, Rittmeyer, Schwyn-Gutersohn, Grünberger, Stückelberger, Thürer, Willldi, Würgler

b) *Gedruckte aus den Jahren 1933–1948 (sowie spätere Publikationen mit Quellenwert)*

- Barth, Karl: Eine Schweizer Stimme, 1938–1945, Zürich 1985
- Brunner, Emil: Ein offenes Wort, Bd. 1, Vorträge und Aufsätze 1917–1962, Zürich 1981
- Bell, George / Koechlin, Alphons: Briefwechsel 1933–1954, hrsg. von Andreas Lindt, Zürich 1969
- Evangelisches Gemeindeblatt Straubenzell
- Evang. kirchl. Erlasse Bde. VI – X
- Fischer-Stähli, Anna: Sankt Margrethen: Die Pforte der Hölle, St. Margrethen 1953
- Fischer, Hans: Damit unsere Nachkommen nicht vergessen. Berichte von Zeitzeuginnen und Zeitzeugen, in: Die Schweiz

1939–1945. Zeitlupe-Dokument, Verlag Pro Senectute, 1998, S. 49

– Gegen rote und braune Fäuste. Das Weltgeschehen von 1932–1948 in 342 Karikaturen aus dem Nebelspalter, Rorschach, Neuauflage 1975
– Gemeindeblatt der Protestanten von Tablat
– Gutersohn, Ulrich: Evangelium und Bildung, St. Gallen 1944
– Gutersohn, Ulrich: Friedrich Nietzsche und der moderne Mensch. St. Gallen 1945
– Hoch, Walter: Freiheit und Autorität in unserer Kirche, Zürich 1935
– Hoch, Walter: Kompass durch die Judenfrage, Zürich 1944
– Hug, Herbert: Das Volk Gottes. Der Kirche Bekenntnis zur Judenfrage, Zollikon 1942
– «Ich glaube, darum rede ich!» Karl Steinbauer: Texte und Predigten im Widerstand, hrsg. von Johannes Rehm, Tübingen, 2. Aufl. 2001
– Jahresberichte der Landeskirchlichen Flüchtlingshilfe
– Kirchenbote für das evangelische Toggenburg, Gossau, Wil, Seebezirk und Gaster
– Ev. Kirchenbote für das Rheintal
– Kurz, Gertrud: Unterwegs für den Frieden. Erlebnisse und Erfahrungen, hrsg. Rosmarie Kurz, Basel 1977
– Menschen fliehen zu uns … Tatsachenberichte, hrsg. von der Schweiz. Zentralstelle für Flüchtlingshilfe, ohne Ort und Datum (vermutlich 1944)
– Rittmeyer-Iselin Dora: St. Galler Hilfe für Emigrantenkinder, Tätigkeitsberichte 1935–1945
– Rittmeyer, Ludwig: Demokratie in Gefahr in: Diktatur oder Demokratie. Kampfschrift der Jungliberalen Bewegung, St. allen (Jahreswende 1933/34?)
– Rittmeyer, Ludwig: Rundfrage über die Totalrevision der Bundesverfassung, in: Neue Schweizer Rundschau, Juli 1934/Heft 3
– Rotach, Robert: Protestantisch, evangelisch, reformiert, St. Gallen 1934.

- Rotach, Robert/Gutersohn, Ulrich/Gut, Hans: Stimmen aus St. Gallen. Drei Predigten, St. Gallen 1933
- Steinbauer, Karl: Ich glaube, darum rede ich! Texte und Predigten im Widerstand, hrsg. Johannes Rehm, Tübingen, 2. Aufl. 2001
- Sturzenegger, Robert: Der Schatz in irdenen Gefässen. Bericht über die Visitation 1943/1944, St. Gallen 1945
- Sutro, Nettie: Jugend auf der Flucht 1933–1948. Fünfzehn Jahre im Spiegel des Schweizer Hilfswerks für Emigrantenkinder. Mit einem Vorwort von Albert Schweizer, Zürich 1952
- Thürer, Georg: Eidgenössische Erinnerungen, St. Gallen 1989
- Trüb Paul: Was vor Augen ist. Bericht über die Visitation 1952/53, Flawil, 1955
- Vogt, Paul: Erlebte und erlittene Flüchtlingshilfe, in: Paul Vogt/Clara Nef, Helfen macht reich, Bern, o. J. (1969)
- Ziegler, Ernst: Hans Richard von Fels. Auszüge aus seinen Tagebüchern, St. Gallen 1998

c) Mündliche Quellen

Verdankenswerter Weise stellten sich folgende Zeitzeuginnen und Zeitzeugen oder enge Angehörige von kirchlichen Persönlichkeiten, die sich 1933–1945 besonders engagierten, zu einem Gespräch zur Verfügung oder gaben Auskünfte:

Theodor Bätscher, Hedwig Candrian, Rosmarie de Lucca-Gansner, Christian Dutler junior, Ernst Ehrenzeller, Emil Enderle, Hans Fischer, Dorothee Fries-Wieser, Otto Gretler, Martin Grünberger, Dora Gut, Paul Henrich, Martin Lendi, Karl Pestalozzi, Heiner Rittmeyer, Nelly Rittmeyer, Ruth Roduner-Grüninger, Hans Schmid-Locher, Martin Anton Schmidt, Eduard Schweizer, Sabine Schwyn-Gutersohn, Gertrud Stückelberger, Eduard Sturzenegger, Georg Thürer, Magdalena Volkart-Roggwiller, Peter Walter, Edwin Wildi, Regula Würgler-Zweifel, Maja und Peter Zimmermann

- Altermatt, Urs: Katholizismus und Antisemitismus. Mentalitäten, Kontinuitäten, Ambivalenzen, Frauenfeld-Stuttgart-Wien 1999
- Bethge, Eberhard: Dietrich Bonhoeffer. Theologe, Christ, Zeitgenosse, 1. Auflage, München 1967
- Binnenkade, Alexandra: Sturmzeit, Die Evangelisch-reformierte Landeskirche des Kantons Aargau zwischen 1933 und 1948, Baden 1999
- Bischof, Franz Xaver/Dora Cornel: Ortskirche unterwegs. Das Bistum St. Gallen 1847 – 1997, Festschrift zum hundertfünfzigsten Jahr seines Bestehens, St. Gallen 1997
- Bonjour, Edgar: Geschichte der schweizerischen Neutralität. Vier Jahrhunderte eidgenössischer Aussenpolitik, Bd. III, Basel 1970
- Burri, Katri/Maissen, Thomas: Bilder aus der Schweiz 1939 – 1945, Zürich 1997
- Busch, Eberhard: Unter dem Bogen des einen Bundes. Karl Barth und die Juden 1933–1945, Neukirchen-Vluyn 1996
- Die Linsebühlkirche in St. Gallen, hrsg. Von der Evang.-ref. Kirchgemeinde St. Gallen C, St. Gallen 1992
- Die Schweiz und die Flüchtlinge zur Zeit des Nationalsozialismus (hrsg. Unabhängige Expertenkommission Schweiz–Zweiter Weltkrieg; sog. «Bergier-Bericht»), Bern 1999
- Ehrenzeller, Ernst: Kirchengeschichte der Stadt St. Gallen, Vierter Band 1830–1992. Die evangelisch-reformierten Kirchgemeinden St. Gallen C, Straubenzell und Tablat, St. Gallen 1993
- Hagmann, Werner: Krisen- und Kriegsjahre im Werdenberg. Wirtschaftliche Not und politischer Wandel in einem Bezirk des St. Galler Rheintals zwischen 1930 und 1945, Dissertation, Buchs SG 2001
- Hausbuch des Tschudy-Verlags, hrsg. Von Freunden (u. a. Traugott Vogel), St. Gallen 1958
- Jehle, Frank: Lieber unangenehm laut als angenehm leise, Der Theologe Karl Barth und die Politik 1906–1968, Zürich 1999
- Jäger, Martin: Forschungsprojekt zur Aufarbeitung der Aktenbestände des Staatsarchivs St. Gallen zur Flüchtlings- und

Migrationsgeschichte der Jahre 1920 bis 1950, als Manuskript gedruckt, ohne Ortsangabe, 2000

- Kaiser, Marcus Urs: Deutscher Kirchenkampf und Schweizer Öffentlichkeit in den Jahren 1933 und 1934, Zürich 1972
- Käser-Leisibach, Ursula: Die begnadeten Sünder. Stimmen aus den Schweizer Kirchen zum Nationalsozialismus 1933–1942. Mit einem Geleitwort von Ekkehard W. Stegemann, Winterthur 1994
- Keller, Stefan: Grüningers Fall. Geschichten von Flucht und Hilfe, Zürich 1993
- Kocher, Hermann: Rationierte Menschlichkeit. Schweizerischer Protestantismus im Spannungsfeld von Flüchtlingsnot und öffentlicher Flüchtlingspolitik der Schweiz 1933–1948, Zürich 1996
- Kreis, Georg: Die Schweiz im Zweiten Weltkrieg. Ihre Antworten auf die Herausforderungen der Zeit, Zürich 1999
- lamed, Zeitschrift für Kirche und Judentum, 4/1998
- Ludwig, Carl: Die Flüchtlingspolitik der Schweiz in den Jahren 1933 bis 1955. Bericht an den Bundesrat zuhanden der eidgenössischen Räte, Bern 1957
- Mattioli, Aram: Antisemitismus in der Schweiz 1848–1960, Zürich 1998
- Métraux, Peter: Die Karikatur als publizistische Ausdrucksform. Untersucht am Kampf des «Nebelspalters» gegen den Nationalsozialismus 1933-1945, Dissertation, Berlin 1966
- Moltmann, Jürgen: Nachwort zu: Willy Fries: Die Passion, Zürich 1976.
- Mühling, Andreas: Karl Ludwig Schmidt, Berlin/New York, 1997
- Narbel, Nathalie: Les Eglises protestantes vaudoises et les réfugiés victimes du nazisme 1933–1949, als Manuskript gedruckt, ohne Ortsangabe, 2001
- Ott, Ueli: Jesus stirbt im Toggenburg, Die «Grosse Toggenburger Passion» von Willy Fries, in: Terra Plana, Zeitschrift für Kultur, Geschichte, Tourismus und Wirtschaft, 1, 2001, Mels.
- Picard, Jacques: Die Schweiz und die Juden 1933 – 1945, Zürich 1994

- Roschewski, Heinz: Heinrich Rothmund in seinen persönlichen Akten. Zur Frage des Antisemitismus in der schweizerischen Flüchtlingspolitik 1933–1945, in: Die Schweiz und die Flüchtlinge 1933.1945, Studien und Quellen 22, Bern/ Stuttgart/Wien 1996, S. 107-136
- Roschewski, Heinz: Rothmund und die Juden. Eine historische Fallstudie des Antisemitismus in der schweizerischen Flüchtlingspolitik 1933–1957, Basel/Frankfurt 1997
- Rothschild, Lothar: Im Strom der Zeit, Jubiläumsschrift zum hundertjährigen Bestehen der Israelitischen Gemeinde St. Gallen, St. Gallen 1963
- Rusterholz, Heinrich: Entscheide dich immer für die Liebe, Paul Vogt 1900–1984 in: Ohne Wenn und Aber dem Gewissen verpflichtet, Zürich 2000
- Schmelzer, Hermann I.: Mut zur Selbstbehauptung, Bund junger Juden zur Abwehr des Antisemitismus 1933. In: Gallus-Stadt 1996, S. 65 ff., St. Gallen 1996
- Scholder, Klaus: Die Kirchen und das Dritte Reich, Bd. 1 Frankfurt/Berlin/Wien 1977
- Specker, Louis: Als der Krieg vorüberging. Rund um das Jahr 1945 in Rorschach. In: Rorschacher Neujahrsblatt 1995, Rorschach 1995, S. 43-58
- Stückelberger, Hans Martin: Die evangelische Pfarrerschaft des Kantons St. Gallen, St. Gallen 1971
- Stückelberger, Hans Martin: 50 Jahre Freie protestantische Vereinigung St. Gallen 1919 – 1969, St. Gallen 1969
- Stuber, Martha: 150 Jahre Evangelisch Rapperswil-Jona, Jona 1988
- Trüb, Paul: 150 Jahre Evangelische Kirche des Kanton St. Gallen, St. Gallen 1953
- Wolf, Walter: Faschismus in der Schweiz. Die Geschichte der Frontenbewegungen in der deutschen Schweiz 1930–1945, Zürich 1969
- Wolf, Walter: Eine namenlose Not bittet um Einlass; Schaffhauser reformierte Kirche im Spannungsfeld 1933–1945, Schaffhausen 1997
- Ziegler, Ernst: Als der Krieg zu Ende war ... Zur Geschichte der Stadt St. Gallen von 1935 bis 1945, St. Gallen 1996